Inhalt

Kapitel 1 Miteinander: ich – du – wir   7

wir *Claus Bremer*   7
Du und ich *Karlhans Frank*   8
Freundschaften *Hans Manz*   9
Fünf Freundinnen *Hans Manz*   9
Freunde *Gina Ruck-Pauquèt*   10
Das Schulgespenst *Peter Abraham*   12
Fremd in Berlin?! *Induja Indiran*   14
Fachübergreifendes: Ein neues Zuhause   16
Mai-Linh. Wenn aus Feinden Freunde werden *Carolin Philipps*   17
Den ersten Eindruck von einem Buch gewinnen   20
Das Lesetagebuch   21
Die Kurzhosengang *Victor Caspak, Yves Lanois*   22

Kapitel 2 Bildgeschichten und Comics   29

Vater und Sohn *e. o. plauen*   30
Bildgeschichte *Lisa Jahsnowski*   31
Die kluge Ratte *Wilhelm Busch*   32
Fachübergreifendes: Comics – witzige Geschichten in Bildern   34
Touché *Tom*   36
Schraubenproblem *Thorsten Trantow*   37
Ansichtssache *Lynn Gross*   38
YPS – Kaspar, Patsch und Willy und der Neandertaler
    Christina Thomas   39
Selbst einen Comic gestalten   40
Mangas – Comics der besonderen Art   41
Chibi Manga Story *Nina Werner*   46

Kapitel 3 Mit Gedichten durch das Jahr 47

Wo holt sich die Erde die himmlischen Kleider? *Christine Busta* 47
Septemberliches Lied vom Storch *Günter Eich* 48
Fachübergreifendes: Die Wanderungen der Weißstörche 49
Herbstgedicht *Jürg Schubiger* 50
Der Nebel *Wolfgang Bächler* 50
November *Elisabeth Borchers* 51
Wie man Gedichte macht *Frantz Wittkamp* 52
In meinem Kopf ist einer, der spricht *Frantz Wittkamp* 52
Wie Sarah Kirsch Gedichte schreibt 53
Gedichte also sind *Sarah Kirsch* 53
Was man mit Gedichten machen kann 54
Wintergewitter *Josef Guggenmos* 54
Der Winter *Mascha Kaléko* 56
Winter *Wolfgang Borchert* 56
Sind die Lichter angezündet *Erika Engel* 57
Nikolaus 57
Der Frühling ist die schönste Zeit! *Annette von Droste-Hülshoff* 58
April *Theodor Storm* 58
Regentag *Peter Maiwald* 59
Neue Bildungen, der Natur vorgeschlagen *Christian Morgenstern* 60
auf dem land *Ernst Jandl* 61
Fallschirme *Georg Bydlinski, Winfried Opgenoorth* 62
Löwenzahn *Gerri Zotter, Mira Lobe, Renate Welsh* 62
Gewitter *Erwin Moser* 63
Der Blitz *Walther Petri* 63
Wolkenbilder *Irmela Brender* 64
Kleine Wolkengeisterkunde *Georg Bydlinski* 65
Schäfchen können niemals fliegen *Ute Blaich* 65
Die leise Wolke *Hermann Hesse* 65
Gedichte unterwegs *Gerald Jatzek* 66
Der blaue Hund *Peter Hacks* 67
Fischwunder *Max Kruse* 67
Die Ausnahme *Michael Ende* 67
Unnützes Gedicht *Martin Auer* 68
Die Dinge reden *Georg Bydlinski* 68

Kapitel 4 Geschichten von kleinen und großen Tieren 69

Der Fuchs und die Trauben *Äsop* 70
Vom Raben und Fuchs *Martin Luther* 71
Fabeltiere zeichnen 71
Der Wolf und das Lamm *Äsop* 72
Der Wolf und das Schaf *Gotthold Ephraim Lessing* 72
Die Grille und die Ameise *Jean de La Fontaine* 73
Ohne Titel *Helmut Arntzen* 73
Erzählende Texte erschließen 74
Der Wolf und der Haushund *Alfred Könner* 75
Winn-Dixie *Kate DiCamillo* 76
Kicki und der König *Christa Kožik* 78
Fachübergreifendes: Auf leisen Pfoten *Anneliese zum Kolk* 83
Mini-Eber »Balu« fühlt sich richtig sauwohl *Hauke Gruhn* 84
Rennschwein Rudi Rüssel *Uwe Timm* 86

Kapitel 5 Bühne frei! –
Szenische Texte zum Spielen und Aufführen 91

Hausaufgaben *Heinz Schmalenbach* 92
Die ersten Schritte auf der Bühne 94
Till Eulenspiegel rächt sich an seinen Mitbürgern 96
Wie Eulenspiegel die Kranken heilte 99
Einen Theaternachmittag gestalten 102
Eulenspiegel und die Bienendiebe 102
Der nackte König *Jewgeni Schwarz* 104

Kapitel 6 Es war einmal – und ist noch heut'...
Märchen und Sagen 107

Rumpelstilzchen *Brüder Grimm* 108
Frau Holle *Brüder Grimm* 110
Mit Märchen spielen 113
Rothütchen *Geoffroy de Pennart* 114

Lob des Ungehorsams *Franz Fühmann* 117
Die Fliege *Märchen aus Vietnam* 118
Der Wettlauf vom Strauß und der Schildkröte
  Märchen aus Namibia 120
Des Kaisers neue Kleider *Hans Christian Andersen* 121
Der Name von Köpenick und der große Krebs von Stralau 126
Die Entstehung der Insel Rügen 127
Der Hünenstieg 127
Die Rosstrappe *Nach Otmar* 128
Fachübergreifendes: Wie Ortssagen entstehen 130
Elisabeth von Thüringen 131
Der Bauerhase von Freiberg 132

Kapitel 7 Projekt: Bücher in unserem Leben 133

Suchanzeige *James Krüss* 134
Projektarbeit: Bücher in unserem Leben 136
Moritz in der Litfaßsäule *Christa Kožik* 138
Ein Leseplakat gestalten 139
Fachübergreifendes: Druckbuchstaben –
  wer hat sie erfunden? *Bernhard Schulz* 140
Wie Bücher entstehen 142
Was ein Buch verrät 144
Das Buch des L. *Martin Baltscheit* 146
Die besten Bücher kriegen Preise 150

Merkwissen 151
Quellenverzeichnis 155
Lösungen einiger Aufgaben des Lesebuchs 159
Verwendete Textsorten 160
Bildquellen 160

Kapitel 1
Miteinander: ich – du – wir

1. Beschreibe das Bildgedicht von Claus Bremer.

2. Gestalte ein Bildgedicht für eine Gruppe, zu der du gehörst.

Karlhans Frank

Du und ich

Du bist anders als ich,
ich bin anders als du.
Gehen wir auf-
einander zu,
5 schauen uns an,
erzählen uns dann,
was du gut kannst,
was ich nicht kann,
was ich so treibe,
10 was du so machst,
worüber du weinst,
worüber du lachst,
ob du Angst spürst bei Nacht,
welche Sorgen ich trag,
15 welche Wünsche du hast,
welche Farben ich mag,
was traurig mich stimmt,
was Freude mir bringt,
wie wer was bei euch kocht,
20 wer was wie bei uns singt ...
Und plötzlich erkennen wir
– waren wir blind? –,
dass wir innen uns
äußerst ähnlich sind.

❶ Vergleiche die Aussage am Anfang des Gedichts mit der Schlussaussage.

❷ In dem Gedicht lernen sich zwei Menschen anhand von Fragen kennen. Schreibe fünf Fragen heraus, die dir besonders wichtig sind.

❸ Stelle deine fünf Fragen Menschen, von denen du wenig weißt. Überprüfe anhand der Antworten, worin sie dir ähneln.

Hans Manz

Freundschaften

»Könntest du notfalls
das letzte Hemd vom Leib weggeben?
Dich eher in Stücke reißen lassen
als ein Geheimnis verraten?
5 Lieber schwarz werden
als jemanden im Stich lassen?
Pferde stehlen oder durchs Feuer gehen?«
»Ja.«
»Auch für mich?«
10 »Ja.«
»Dann bist du mein Freund.«

»Und du? Könntest du notfalls verzeihen?«
»Es kommt drauf an, was.«
»Dass ich vielleicht einmal nicht das letzte Hemd hergebe,
15 mich nicht immer in Stücke reißen lasse,
ausnahmsweise nicht schwarz werden will,
nicht in jedem Fall Pferde stehle oder durchs Feuer gehe?«
»Ja.«
»Dann bist auch du mein Freund.«

Hans Manz

Fünf Freundinnen

```
B  R  I  G  I  T  T  E
A                    U
R                    G
B        INGE        E
A                    N
R                    I
A  M  B  R  O  S  I  A
```

(Eine steht immer
im Mittelpunkt)

❶ Lies das linke Gedicht und finde heraus, was über Freundschaft gesagt wird.

❷ Vergleicht eure Ergebnisse. Diskutiert, wie sich eine gute Freundin /
ein guter Freund verhalten sollte.

❸ Beschreibe, wie in dem Bildgedicht Freundschaft dargestellt wird.

1 Lies die Geschichte und finde heraus, was Benjamin an Josef gefällt.

Gina Ruck-Pauquèt

Freunde

»Wohin willst du?«, fragte der Vater.
Benjamin hielt die Türklinke fest.
»Raus«, sagte er.
»Wohin raus?«, fragte der Vater.
»Na so«, sagte Benjamin.
»Und mit wem?«, fragte der Vater.
»Och ...«, sagte Benjamin.
»Um es klar auszusprechen«, sagte der Vater, »ich will nicht, dass du mit diesem Josef rumziehst!«
»Warum?«, fragte Benjamin.
»Weil er nicht gut für dich ist«, sagte der Vater.
Benjamin sah den Vater an.
»Du weißt doch selber, dass dieser Josef ein ... na, sagen wir, ein geistig zurückgebliebenes Kind ist«, sagte der Vater.
»Der Josef ist aber in Ordnung«, sagte Benjamin.
»Möglich«, sagte der Vater. »Aber was kannst du schon von ihm lernen?«
»Ich will doch nichts von ihm lernen«, sagte Benjamin.
»Man sollte von jedem, mit dem man umgeht, etwas lernen können«, sagte der Vater.
Benjamin ließ die Türklinke los.
»Ich lerne von ihm, Schiffchen aus Papier zu falten«, sagte er.
»Das konntest du mit vier Jahren schon«, sagte der Vater.
»Ich hatte es aber wieder vergessen«, sagte Benjamin.
»Und sonst?«, fragte der Vater. »Was macht ihr sonst?«
»Wir laufen rum«, sagte Benjamin. »Sehen uns alles an und so.«
»Kannst du das nicht auch mit einem anderen Kind zusammen tun?«
»Doch«, sagte Benjamin. »Aber der Josef sieht mehr«, sagte er dann.
»Was?«, fragte der Vater. »Was sieht der Josef?«
»So Zeugs«, sagte Benjamin. »Blätter und so. Steine. Ganz tolle.
Und er weiß, wo Katzen sind. Und die kommen, wenn er ruft.«

»Hm«, sagte der Vater. »Pass mal auf«, sagte er. »Es ist im Leben wichtig, dass man sich immer nach oben orientiert.«
»Was heißt das«, fragte Benjamin, »sich nach oben orientieren?«
»Das heißt, dass man sich Freunde suchen soll, zu denen man aufblicken
35 kann. Freunde, von denen man etwas lernen kann. Weil sie vielleicht ein bisschen klüger sind als man selber.«
Benjamin blieb lange still.
»Aber«, sagte er endlich,
»wenn du meinst, dass der Josef dümmer ist als ich, dann ist es doch gut
40 für den Josef, dass er mich hat, nicht wahr?«

2 Erkläre, warum der Vater nicht möchte, dass Benjamin mit Josef befreundet ist.

3 Benjamin findet es gut für Josef, dass er sein Freund ist.
Wie beurteilst du seine Meinung?

4 Schreibe auf, was dir an deinen Freunden wichtig ist.

Peter Abraham

Das Schulgespenst

Carola Huflattich besaß mehrere Leidenschaften. Sie aß Eis, spielte Fußball, bekritzelte die Wände und dachte so ungeheuer nach, dass es krachte.

Einige aus ihrer Klasse sagten: »Carola ist ein Spinner!« Sie selbst bezeichnete sich als Experten.

Experte heißt so viel wie Fachmann.

In Mathe und Deutsch konnte sie sich nicht gerade als Experten bezeichnen. Dafür aber umso mehr in Sport und im Nachdenken. Dummerweise gab es kein Fach Nachdenken.

Wenn es das gegeben hätte, wäre Carola Huflattich die Beste geworden.

Beim Nachdenken war sie darauf gekommen, dass alle Dinge, wie eine Medaille, zwei Seiten besaßen.

Zum Sportfest hatte Carola so eine Medaille erhalten. Auf der einen Seite war ein Lorbeerzweig abgebildet – Für gute sportliche Leistungen.

Auf der Rückseite stand der Spruch: Denke stets daran, dass Lorbeer welken kann!

Diese Seite nannte man die Kehrseite der Medaille.

Carola war der Meinung, diese Kehrseite müsste abgeschafft werden. An der Schule fand sie neben den Sportstunden die Pausen am schönsten. Kaum war man aber in der Pause so richtig in Schwung gekommen, hatte beim Einkriegezeck vergessen, sein Butterbrot zu essen, klingelte es wieder zur Deutschstunde. Das war dann die Kehrseite der Medaille.

Hatte man Glück, wurde in der Deutschstunde eine lustige Geschichte aus dem Lesebuch vorgetragen. Kaum aber hatte man Spaß daran gefunden, hieß es: »Zähle, wie viele Substantive und wie viele Verben in der Geschichte enthalten sind!«

Zählen konnte Carola bis 9999. Aber welches waren nun die verfluchten Substantive und welches die verdammten Verben?

Wenn man die Kehrseite abschaffte, würde es in der Schule nur noch
35 Sportstunden und Pausen geben. Und wenn es wirklich einmal zu langweilig werden sollte, könnte Frau Prohaska eine Geschichte vorlesen. Nur diese Zählerei der Substantive und der Verben sollte, bitte schön, unterbleiben!

Carola wusste, dass sich die Lehrer gegen diese Neuerung wehren
40 würden.

Wenn die unsereins nicht zum Ausfragen, Wettrechnen, zum Diktatschreiben hätten, würden die glatt vor Langeweile Fliegen fangen, dachte sie.

Nein, die Lehrer brauchten ihre Beschäftigung.

45 Vielleicht gab es jemand, der für Carola in den Unterricht ging! Aber wer würde schon so blöd sein?

Je länger sie überlegte, umso klarer wurde ihr, dass dieser Jemand nur ein Gespenst sein konnte. […]

❶ Beschreibe Carola Huflattich, indem du einen Steckbrief erstellst.

❷ Erkläre mit eigenen Worten, was »die Kehrseite der Medaille« (Z. 22) bedeutet. Überlege dir ein Beispiel.

❸ Wenn ihr mehr über das Schulgespenst erfahren wollt, dann leiht euch das Buch aus der Bibliothek aus oder seht euch den Film an.

Für den Erzählwettbewerb »Berlin – mein Kiez« hat die 12-jährige Induja über ihre persönlichen Erfahrungen geschrieben.

Induja Indiran

Fremd in Berlin?!

Ich heiße Induja und bin zwölf Jahre alt. Ich bin eine Tamilin, also meine Eltern kommen aus Sri Lanka. Sri Lanka liegt in Südasien. Eigentlich
5 bin ich Berlinerin, weil ich hier in Berlin geboren bin. Meine Eltern sind hier, weil es in Sri Lanka oft Krieg gab, und immer noch ist es unruhig. Ich finde, Berlin ist eine sehr schöne und

10 eine interessante Stadt, in der es viel zu sehen gibt. Doch es gibt auch ein paar Ecken, wo es nicht so schön aussieht, zum Beispiel in Kreuzberg oder in manchen U-Bahnhöfen. Ich habe noch einen älteren Bruder namens Indujan, der fünfzehn ist und auch der Meinung ist, dass es an diesen Ecken schmutzig ist.

15 Doch es gibt auch sehr schöne Orte in Berlin, wie zum Beispiel am Wannsee, um das Brandenburger Tor, am Ku'damm und und und... Wenn Weihnachten ist, sieht der Ku'damm vor allem beeindruckend aus, denn er ist immer sehr schön geschmückt mit Lichterketten, glänzenden Weihnachtskugeln, mit vielen Tannenbäumen und goldenen Sternen.
20 Am Abend bin ich gerne dort mit meiner Familie, obwohl es in unserer Familie nicht üblich ist, Weihnachten zu feiern. Ich gehe in die sechste Klasse und habe Freundinnen, die nett zu mir sind und mit denen ich auch sehr gut klarkomme.

Doch früher hatte ich mal ein großes Problem. Aber ich habe es allein
25 geschafft, das Problem zu lösen.

Es ging um meine Hautfarbe.

Also, früher gab es mal drei Jungs in meiner Schule, die mich immer gehänselt haben. Sie sagten etwa: »Hi, Schokolade, wie geht es dir heute?« oder »Da guckt doch mal, Schokolade kann die Treppen hochgehen.« Es wurde immer schlimmer, und ich habe mich auch nie getraut, mich zu wehren. Langsam hatte ich es satt, das Geplapper dieser Jungs anzuhören.

Da beschloss ich, mich in der Pause zu wehren. Also ging ich zu denen hin und stand ruhig da. Da fragten sie mich neugierig: »Was willst du denn hier bei uns, Schokoladeneis?« Da antwortete ich lächelnd: »Danke für das Kompliment, dass ich ein Schokoladeneis bin, denn Schokoladeneis schmeckt sehr lecker, und stehen darf ich auch, wo ich will.«
Sie sagten kein einziges Wort mehr und gingen in ihre Klasse. Von diesem Tag an haben sie kein Wort mehr mit mir geredet und sie haben auch die anderen Kinder in Ruhe gelassen. Ich war von dem Tag an sehr froh und glücklich, weil ich es alleine geschafft habe, drei Jungs fertigzumachen. Doch ich habe meinen Eltern, meinen Freundinnen und meinen Lehrern davon nichts erzählt. Warum, das weiß ich selbst nicht mehr.

Ich finde solche Menschen hier in Berlin einfach doof, weil sie nie nachdenken, bevor sie was sagen. Sie versetzen sich auch nie in andere hinein. Doch es gibt auch viele Menschen hier, die sehr nett sind.

Ich habe viele Nachbarn, die nett zu mir sind, und das finde ich gut. Wenn ich draußen bin und Menschen sehe, die einfach dumme Wörter zu mir sagen, bin ich immer sehr traurig. Wenn ich traurig bin, will ich lieber in meiner Heimat Sri Lanka sein, weil dort alle schokoladenbraun sind. Doch wenn ich dann nach Hause gehe und meinen Nachbarn mir zulächeln sehe, bin ich wieder froh und möchte lieber hierbleiben und nicht nach Sri Lanka gehen, denn das Leben dort fällt mir auch sehr schwer. Ich lebe lieber hier mit doofen Bemerkungen als dort mit Krieg.

Ich wünsche, dass der Krieg in Sri Lanka schnell vorbei ist und dass alle in Frieden leben. Ich wünsche auch noch, dass alle Menschen viel zum Essen haben. Doch wenn in Sri Lanka wieder Frieden herrscht, bleibe ich trotzdem in Berlin. Aber ich werde Sri Lanka ab und zu mal besuchen.

1 Schreibe auf, was du über Induja erfährst.

2 Fasst zusammen, welches Problem Induja hatte und wie sie es gelöst hat.

3 Schreibe selbst einen Text über deine Erfahrungen mit deinem »Kiez«.

Fachübergreifendes
Ein neues Zuhause

In der Bundesrepublik Deutschland leben mehr als 7 Millionen ausländische Mitmenschen. Beinahe jedes fünfte Kind hat ein Elternteil, das nicht in Deutschland geboren wurde.

Zuwanderer kommen aus vielen Ländern, zum Beispiel aus der Türkei, aus asiatischen und afrikanischen Ländern, aus Italien, Griechenland oder Polen. Viele kommen hierher, um Arbeit zu finden. Manche flüchteten aus ihrem Heimatland, weil dort politische Unruhen herrschen oder weil sie wegen ihrer Herkunft oder Meinung verfolgt wurden.

In Deutschland haben zum Beispiel über 80 000 Vietnamesen ein neues Zuhause gefunden. Berlin, Leipzig, Rostock und Erfurt sind die Städte, in denen die meisten Vietnamesen leben. Viele von ihnen betreiben asiatische Restaurants oder kleine Läden.

Chúc mừng sức khỏe   Alles Gute im neuen Jahr

Das Tet- oder Neujahrsfest ist in Vietnam so wichtig wie bei uns das Weihnachtsfest. Es dauert drei Tage, richtet sich nach dem chinesischen Mondkalender und markiert gleichzeitig den Frühlingsbeginn. Es liegt nach europäischer Zeitrechnung zwischen dem 21. Januar und dem 21. Februar. Auch die in Deutschland lebenden Vietnamesen feiern dieses Fest.

1 Sammelt Bildmaterial zur vietnamesischen Kultur. Schreibt wichtige Informationen dazu auf eine Karte.

2 Stellt eure Ergebnisse im Klassenzimmer aus.

Die zehnjährige Vietnamesin Mai-Linh lebt mit ihrer Familie in Deutschland. Ihre Eltern müssen fast den ganzen Tag in ihrem kleinen Restaurant arbeiten. Deshalb wird Mai-Linh von der Nachbarsfamilie betreut. Sie bekommt dort Essen und geht mit Dennis, dem 13-jährigen Sohn und Schwarm ihrer Freundinnen, zur Schule. Doch bald fangen ein paar Freunde von Dennis an, Mai-Linh zu ärgern.

Carolin Philipps

Mai-Linh. Wenn aus Feinden Freunde werden

Am nächsten Tag trödelte Mai-Linh auf dem Weg zur Schule. Sie wollte so dicht wie möglich bei Dennis bleiben, weil sie Angst hatte, seine Freunde hätten sich schon wieder im Gebüsch versteckt.
»Los! Vorwärts!« Dennis puffte sie in den Rücken.
»Geh du vor!«
Dennis zögerte. Aber da Mai-Linh einfach stehen blieb und nicht vorhatte, auch nur einen Schritt weiterzugehen, blieb ihm nichts anderes übrig.
»Aber bleib hinter mir. Ich will keinen neuen Stress mit meiner Mutter, wenn ich dich verliere.«
Lars und Sven warteten im Gebüsch, bis Dennis vorbeigegangen war. Dann sprangen sie direkt vor Mai-Linh hervor. Diesmal hatten sie schwarze Teufelsmasken vor dem Gesicht. Mai-Linh erschrak fürchterlich und rannte in den Park hinein.
Hinter sich hörte sie Dennis schimpfen.
»[...] Einfach erschrecken hätte auch gereicht. Wenn wir sie nicht finden, krieg ich ein Problem. Los, alle suchen.«
»Mai-Linh, wo bist du? Komm raus! Das ist kein Spaß mehr!«
Das fand Mai-Linh schon lange. Sie lag im Gebüsch und lauschte auf die Stimmen, die sich langsam entfernten, immer weiter in den Park hinein. Dann sprang sie auf und rannte zur Schule.

1 Was passiert auf dem Schulweg? Beschreibe den Ablauf.

Fünfzehn Minuten nach Unterrichtsbeginn kam Dennis, ohne anzuklopfen, in die Klasse gerannt. Seine Haare hingen ihm wirr ins Gesicht. Er war verschwitzt.

25 Die Mädchen kicherten. Das war nicht der coole Dennis, den alle kannten und bewunderten.

»Wo ist sie?«, rief er statt einer Begrüßung. »Habt ihr sie gesehen?« Er schaute sich in der Klasse um.

»Dennis!! Würdest du uns mal erklären, was das soll?«

30 Herr Möller, der Dennis in der Grundschule jahrelang unterrichtet und sich schon damals oft über ihn aufgeregt hatte, war ganz rot im Gesicht angelaufen vor Empörung. »Du kommst mitten in meinen Unterricht geplatzt und ziehst hier eine Show ab ...!«, rief er wütend.

Dennis schaute ihn verstört an. »Ich muss sie finden!«

35 »Vielleicht erklärst du uns wenigstens, wen du suchst.«

»Mai-Linh!«

Jetzt fing die ganze Klasse an zu kichern.

»Na, du bist aber schrecklich verliebt, was?«

»Kann nicht mal bis zur Pause warten.«

40 Andere riefen: »Umdrehen!«

»Du brauchst eine Brille!«

Mai-Linh, die gerade an der Tafel etwas vorrechnen sollte, stand verlegen mit der Kreide in der Hand da und wusste nicht, was sie

45 machen sollte.

Endlich entdeckte Dennis sie, kam auf sie zugerannt und schüttelte sie.

»Mach das nicht noch mal, du! Mach das nicht noch mal!«, schrie er.

Herr Möller musste ihn von Mai-Linh wegzerren. »So, mein Lieber, du

50 wirst jetzt schön brav in deine eigene Klasse gehen. Aber glaub nicht, dass damit alles gelaufen ist. Da kannst du dir sicher sein!«

Mit einem wütenden Blick auf Mai-Linh verschwand Dennis aus der Klasse. [...]

2 Was passiert in der ersten Stunde? Beschreibe das Verhalten von Dennis.

3 Tauscht euch über das Verhalten der Klasse und des Lehrers aus.

Mittags zu Hause saß er auf der Treppe, als Mai-Linh ankam. Er hatte extra die sechste Stunde geschwänzt.

»Kein Wort zu meiner Mutter!«, sagte er drohend. »Sonst zeigen wir dir mal, wie man kleine Mädchen erschreckt.«

Mai-Linh drehte sich weg und wollte gehen. Dennis packte sie am Arm. »Und noch was. Ich will keinen Reis mehr essen. Du wirst dir Kartoffeln oder Nudeln wünschen! Verstanden?« [...] Mai-Linh nickte. [...]

Am nächsten Mittag, als sie nach dem Essen die Treppe nach oben in den ersten Stock kam, blieb sie erschrocken stehen. Quer über ihre Wohnungstür hatte jemand in dicken roten Buchstaben »Reisfresser!« geschrieben.

Dennis!, dachte Mai-Linh als Erstes. Das konnte nur Dennis sein. Dabei hatte es heute Kartoffeln gegeben. Sogar Pommes, die Dennis besonders gerne mochte.

Und wie versprochen, hatte sie Frau Bennert gesagt, dass sie bei ihr lieber Nudeln und Kartoffeln essen wollte, weil sie Reis ja ohnehin zu Hause bekam.

Sie hatte alles so gemacht, wie er es wollte, und trotzdem war er noch so gemein, dass er die Tür beschmierte. Sie holte tief Luft. Dann schloss sie die Haustür auf und machte sich mit Schwamm und heißem Wasser daran, die roten Buchstaben abzuwischen. Fast zwei Stunden brauchte sie dafür und mit jedem Eimer Wasser, den sie neu anschleppte, hasste sie Dennis mehr.

Sie würde ihm sagen, dass sie alles seiner Mutter oder ihren Eltern erzählen würde, wenn er das noch einmal machte. Und den Dreck könnte er dann allein wegmachen.

Aber als er ihr abends im Treppenhaus begegnete, traute sie sich doch nicht, weil er sie so böse anfunkelte, dass ihr die Worte im Hals stecken blieben. Jemand, der so etwas an die Tür schrieb, würde wahrscheinlich auch Schlimmeres mit ihr machen.

4 Vergleiche das Verhalten von Dennis und Mai-Linh.

5 Tauscht euch darüber aus, wie Dennis und Mai-Linh ihre Probleme lösen könnten.

6 Schreibe die Geschichte weiter.

Den ersten Eindruck von einem Buch gewinnen

1. Sieh dir das Buchcover an und überlege, wie du den Titel verstehst. Achte auch auf die Titelillustrationen.

2. Lies den Klappentext und vermute, worum es in der Geschichte geht.

Klappentext zu
»**Die Kurzhosengang**«:

Vier Jungs aus Kanada werden über Nacht zu Stars und niemand hierzulande bekommt es mit. Vier Jungs stellen sich den Naturgewalten, kämpfen gegen Grizzlys und Wölfe, werden dabei zu Lebensrettern und Geisterjägern. Züge sind kurz vorm Entgleisen, Eishockeyspieler gefrieren mitten im Spiel und den vier Jungs bleibt zwischendurch das Herz stehen.

3. Lies das Inhaltsverzeichnis oder blättere die Seiten durch. Finde heraus, ob der Text Zwischenüberschriften hat.

4. Mache die Fingerprobe: Lies den Anfang und ein Zufallszitat. Überlege dann, was du von dem Buch erwartest.

❶ Besorgt euch das Buch in der Bibliothek. Löst die Aufgaben 3 und 4 der Schrittfolge.

❷ Suche weitere Informationen über Buch und Autoren im Internet.

Das Lesetagebuch

Ein Lesetagebuch ist ein persönliches Heft, in das du beim Lesen eines Buches deine Gedanken, Fragen und Gefühle schreibst.
Außerdem notierst du wichtige Informationen zu Handlung und Personen.
Wie du ein Lesetagebuch führen kannst, zeigen dir die folgenden Schritte:

1. **Vor dem Lesen**
   Gestalte das Deckblatt deines Lesetagebuchs. Schreibe auf, was du über den Titel denkst und welche Erwartungen der Klappentext bei dir weckt.

   Lesetagebuch von
   Leonard
   zu »Die Kurzhosengang«
   Begonnen am: 25. April
   Beendet am: 3. Mai

2. **Beim Lesen**
   Beginne jeden neuen Eintrag in deinem Heft mit Datum und Seitenangaben. Schreibe auf,
   – was in dem Kapitel passiert ist
      und wie du darüber denkst,
   – was du über die Personen erfahren hast
      und wie sie auf dich wirken,
   – was du nicht verstanden hast.
   Du kannst einen Satz abschreiben und erklären, warum er dir aufgefallen ist.
   Gib jedem gelesenen Textabschnitt eine eigene Überschrift.

   26. April
   Seite ... bis Seite ...
   Personen: Rudolpho ...
   inkognito = unerkannt

3. **Nach dem Lesen**
   Schreibe auf, wie dir das Buch gefallen hat.
   Begründe deine Meinung.
   Gestalte dein Heft. Zeichne etwas zu der Geschichte oder füge eigene Texte hinzu.

   2. Mai
   Meine Eindrücke:
   ☺   ☹
   witzige schwierige
   Jungs   Wörter

❶ Richte zu dem folgenden Textauszug dein persönliches Lesetagebuch ein. Orientiere dich dabei an der Schrittfolge 1 bis 3.

Victor Caspak, Yves Lanois[1]

Die Kurzhosengang

Rudolpho erzählt als Erster seine Geschichte zu dem Namen »Kurzhosengang«.

Die Leute fragen oft, was es denn Wichtiges über die Kurzhosengang zu wissen gibt. Hier sind die fünf wichtigsten Punkte:
1) Die Kurzhosengang sitzt im Kino immer in der siebten Reihe auf den Plätzen 22, 23, 24 und 25. Wir gehen nur am Samstagnachmittag ins Kino. Die Kurzhosengang würde sich lieber die Filme im Abendprogramm ansehen, das könnt ihr mir glauben. Filme wie *Blutiges Massaker* oder *Tot und begraben und dreimal draufgehauen.* Da wir aber nun mal elf Jahre alt sind, haben wir keine große Wahl.
  2) Zwar feiern wir erst nächstes Jahr unseren zwölften Geburtstag, dennoch wissen wir, wo der Bus abfährt. Einmal im Monat fahren Snickers' Eltern übers Wochenende aufs Land und dann bekommt Snickers von der ganzen Gang Besuch. Das ist dann was. Kaum haben die Eltern die Wohnung verlassen, sprintet Snickers zum Telefon und ruft uns an.
  »Die Luft ist rein!«
  Fünf Minuten später erklingt vor dem Haus ein Dröhnen. Island bremst, kickt den Seitenständer seiner Maschine raus und prüft seine Frisur im Chrom des Auspuffs. Gleichzeitig komme ich quietschend um die Kurve und berühre mit einem Knie den Asphalt. Zement folgt mit einer Minute Verspätung und weiß eigentlich noch nicht, dass er schon losgefahren ist.

[1] erfundene Namen, eigentlich von Zoran Drvenkar

Im Wohnzimmer erwarten uns dann Fernseher und Videorekorder und Tüten mit Chips. Die Kurzhosengang ist ein Riesenfan von Horrorfilmen. Am liebsten etwas mit Vampiren und viel Blut und einer Menge
25 Geschrei. Snickers' Schwester besorgt uns die Filme aus der Videothek. Sie ist neunzehn und das schönste Mädchen in ganz Kanada. [...]
   3) Die Namen der Mitglieder der Kurzhosengang sind natürlich nicht unsere richtigen Namen. Niemand wird geboren und heißt Snickers oder Island oder Zement. Auch würde keine Mutter ihr Kind Rudolpho
30 nennen. So was nennt man *inkognito sein*. Wenn jeder wüsste, wer die Mitglieder der Kurzhosengang sind, dann würde hier aber die Post abgehen, das lasst euch mal gesagt sein.
   4) Wir leben in einer kleinen kanadischen Stadt, in der jeder schon mal mit dem anderen gesprochen hat. Wenn wir auf die Straße gehen,
35 sehen wir anders aus als zu Hause. Wir gucken und laufen und reden anders. Wir sind dann lässig wie Eiswürfel am Strand von Tahiti. Unsere Eltern gehen an uns vorbei und denken: *Da ist ja wieder die Kurzhosengang.* Sie denken nicht: *Da sind ja unsere Kinder.* Die Kurzhosengang hat keine Kinder als Mitglieder. Wir tun nur so, als ob wir Kinder wären.
40   5) Die Kurzhosengang wurde mitten im Winter zur Kurzhosengang. Dieser Tag stellt ein bedeutendes Datum in der Weltgeschichte dar. [...]

1 Notiere dir die wichtigen Informationen zu den Personen in dein Lesetagebuch.

2 Erkläre den Satz: »So was nennt man *inkognito sein*.« (Z. 30).

Wir hatten Sportunterricht. Draußen schneite und stürmte es, während wir durch die Turnhalle liefen und einem Basketball hinterherjagten. [...]
   Mittendrin muss es passiert sein.
45   Vielleicht bekam Zement gerade wieder den Ball zugespielt, vielleicht wurde Island eben eingewechselt, vielleicht öffnete sich Snickers' Schnürsenkel und er bückte sich ...
   Was wir auch taten, mit einem Schlag ging das Licht aus und es war stockduster in der Turnhalle. Stockduster und unheimlich still. In dieser
50 Stille bekamen wir das erste Mal mit, was für ein Sturm da draußen tobte. Ich meine, wir befanden uns ja einige Meter unter der Schule, dennoch

hörten wir, wie der Sturm über das Land fegte. Das Tosen drang durch die Lüftung herein. Es klang wie ein Drachen, der sein Maul gegen die Wände der Schule drückte und laut fauchte.

»Da draußen will ich jetzt aber nicht sein«, sagte ein Junge neben mir.
»Ich auch nicht«, hörte ich einen anderen Jungen sagen.
Dann war wieder Schweigen.
Ein böses Knattern und Rauschen kam von allen Seiten.
»Das ist nur der Wind«, sagte ein Junge.
»Was ist da oben bloß los?«, sagte ein anderer Junge.
»Wir sollten vielleicht …«
»KEINER RÜHRT SICH VON DER STELLE, BIS DAS LICHT WIEDER AN IST!«, brüllte Kniescheibe.
Sein Brüllen klang im Dunkeln noch viel lauter. Wir rührten uns nicht von der Stelle und warteten. Irgendwann sagte eine Stimme völlig überrascht:
»Hupps, das Licht ist ja aus.«
Und dann schrie das erste Mädchen. […]

❸ Was passiert in dieser Sportstunde?

❹ Gib diesem Abschnitt eine Überschrift.

❺ Schreibe in dein Lesetagebuch, wie du dich in dieser Situation gefühlt hättest und was du machen würdest.

Der Sportlehrer, den die Schüler Kniescheibe nennen, verletzt sich bei dem Versuch, die Turnhalle im Dunkeln zu verlassen. Zusammen mit der Sportlehrerin suchen die Jungen und Mädchen den Hausmeister.

Auf dem obersten Treppenabsatz öffnete ich die Tür und wollte eben durch den Flur zum Hausmeister rübergehen – doch ich stand im Freien. Snickers, Island und Zement stellten sich neben mich. Innerhalb von Sekunden waren wir alle vier mit einer feinen Schicht Schnee bedeckt. Die Sportlehrerin bekam auch eine Ladung ab, dann scheuchte sie die Mädchen und Jungen wieder runter in die Turnhalle.

75 Jemand fing an zu weinen, jemand rief, dass die Welt untergeht, dann hörten wir nichts mehr von unserer Klasse.
»Wo ist die Schule?«, sagte Snickers.
»Wo ist mein Fahrrad?«, sagte Island.
»Wo sind wir?«, sagte Zement.
80 Wer genau hinsah, konnte erkennen, wo die Schule früher gestanden hatte. Ein paar Ziegelsteine lagen herum und die Umrisse der Mauern waren auf dem Boden zu erkennen. Nur ein Teil vom Treppenhaus und der Türrahmen, der in die Turnhalle hinunterführte, standen noch aufrecht im Wind.
85 »Die Schule ist weg«, sagte ich und dann kreischten wir alle vier laut und rannten zu den anderen in die Turnhalle hinunter.

Später erfuhren wir, dass die gesamte Schule wegen Orkangefahr evakuiert worden war. Während wir unten unsere Aufwärmübungen machten, war eine Rettungsmannschaft den Hügel hochgetrabt.
90 Alle Schüler und Lehrer waren gerettet worden, bevor die Schule vom Orkan in ihre Einzelteile zerlegt wurde. Ich hätte gerne gesehen, wie das vor sich ging, das war sicher irre spannend. Und wir spielten die ganze Zeit über in der Turnhalle Basketball. Es hätte uns eigentlich mal jemand Bescheid sagen können. Aber nein, man hat uns einfach
95 vergessen. […]

Die Jungen beschließen, Hilfe zu holen. Sie erkennen bald, dass sie sich nur selbst helfen können. Sie gelangen zu einer verlassenen Feuerwehr.

Unser größtes Problem war, dass wir nur kurze Hosen und T-Shirts trugen. Unsere richtigen Klamotten lagen in der Umkleidekabine, die mit der Schule im Nichts verschwunden war. [...] Wir hätten in der Antarktis stehen können, so ein Gefühl war das. Vier Jungen in kurzen Hosen mitten in der Antarktis. [...]
  Ein Hupen erklang. Zement winkte uns aus einem der drei Feuerwehrwagen, die wie polierte Münzen glänzten.
  »Der Feuerwehrwagen hilft uns nicht«, sagte Snickers und suchte nach dem Telefon. Er fand es an einer Wand, hob den Hörer ab und lauschte.
  »Tot«, sagte er und legte wieder auf.
  »Der Feuerwagen hilft uns vielleicht doch«, sagte ich und stieg zu Zement in die Fahrerkabine.

Jetzt glaubt ihr vielleicht, ich hätte schon mal bei meinem Vater auf dem Schoß gesessen und wäre mit dem Auto durch die Landschaft gefahren. Falsch. Mein Vater besitzt nicht einmal ein Auto. Aber wir haben mal ein Seifenkistenrennen gemacht, und ich dachte mir, wie anders konnte das denn sein.
  Es war sehr anders.
  Ich kam nicht mal an die Pedale ran.

»Ich mach das schon«, sagte Zement und kroch runter.

In Zeitlupe fuhren wir aus der Garage raus und wurden sofort vom Wind durchgeschüttelt. Der Scheibenwischer war viel zu schwach für den Schnee. Snickers hängte den Kopf aus dem Beifahrerfenster und rief mir zu, wohin ich lenken sollte. Ohne Snickers wäre ich sofort gegen eins der Häuser gefahren. Island saß am Schaltknüppel und bewegte ihn auf und ab, wie es ihm in den Kopf kam, während ich mit geschlossenen Augen lenkte. Ich hatte so eine Angst, in die falsche Richtung zu fahren, dass ich die Augen lieber geschlossen hielt.

»JETZT NACH LINKS!«, rief Snickers.

Und ich lenkte nach links.

»JETZT GAS GEBEN!«, rief Snickers.

Zement gab natürlich erst mal kein Gas, also trat ich ihm in den Hintern, Zement rief »AU!« und drückte das Gaspedal durch.

»KUPPELN!«

Zement drückte die Kupplung, Island haute den Schaltknüppel in alle möglichen Richtungen, dass er ihn beinahe abbrach. Das Feuerwehrauto zuckte wie ein wildes Pferd. Manchmal hatte ich das Gefühl, wir fuhren im Kreis, manchmal war ich mir sicher, dass wir überhaupt nicht fuhren, sondern wie ein Schlitten dahinglitten und gleich an der kanadischen Grenze ankommen würden.

»JETZT EINFACH GERADEAUS!«, rief Snickers.

Und ich umklammerte das Lenkrad, presste die Augen fest zusammen und versuchte, den Feuerwehrwagen auf Geradeaus zu halten.

»GERADEAUS HABE ICH GESAGT!«, rief Snickers.

Wir rasten dahin, wir keuchten laut und uns war so heiß, als würden wir direkt unter einer Höhensonne sitzen. Und als dann Snickers »HALT!« rief, trat ich Zement in den Hintern, und Zement rief »AU!« und drückte die Bremse, und ich nahm die Hände vom Lenkrad und hielt sie in die Luft, als würde mich jemand mit einer Pistole bedrohen.

»Wieso HALT?«, fragte Zement von unten.

»Ja, wieso HALT?«, fragte auch Island und ließ den Schaltknüppel nicht los.

»Ja, wieso?«, fragte ich.

»Weil wir da sind«, sagte Snickers und sprang aus dem Beifahrerfenster mitten in den Schneesturm hinein.

Der Rest ging schnell.
Wir rasten in die Turnhalle und verfrachteten alle in das Feuerwehrauto. [...]

6 Erzähle mit eigenen Worten nach, wie die Fahrt mit dem Feuerwehrauto verläuft.

7 Gib diesem Abschnitt eine Überschrift.

155 Fragt mich nicht, wie wir es geschafft haben, wieder in die Garage der Feuerwehr zu fahren. [...]
Nachdem wir wieder auf festem Boden standen, starrten uns die Mädchen und Jungs an, als wären wir ein Weltwunder.
»Ich will einen Kakao«, sagte Zement.
160 »Ich will nur ein heißes Bad und dann schlafen«, sagte Snickers.
»Was gucken die so blöde?«, sagte Island.
Die Jungs und Mädchen guckten noch eine Weile lang blöd, dann tauchte die ganze Stadt auf und eine Reporterin mit einem Kameramann war auch dabei. [...]
165 »Ihr habt viele Menschen gerettet, bei Sturm und Wind!«, rief die Reporterin und alle klatschten.
»Ihr habt gegen den Orkan angekämpft und sogar eure zwei Lehrer vor dem Erfrieren bewahrt!«, rief die Reporterin und alle klatschten.
»Ihr seid Helden!«
170 »Helden!«, riefen alle.
Zement schüttelte den Kopf. Sofort wurden sie still.
»Wir sind keine Helden«, sagte Zement und verstummte.
Alle warteten, dass er weitersprach. Nur Snickers, Island und ich wussten, dass Zement nichts mehr sagen würde. Als er dann aber doch
175 was sagte, waren wir so überrascht, dass wir nur nicken konnten.
»Wir sind die Kurzhosengang«, sagte Zement, »und wir sind müde.«

8 Schreibe in dein Lesetagebuch, was du über die Kurzhosengang denkst.

9 Wenn du erfahren möchtest, was Snickers, Island und Zement über die Entstehung der Kurzhosengang erzählen, dann lies das ganze Buch.

Kapitel 2
Bildgeschichten und Comics

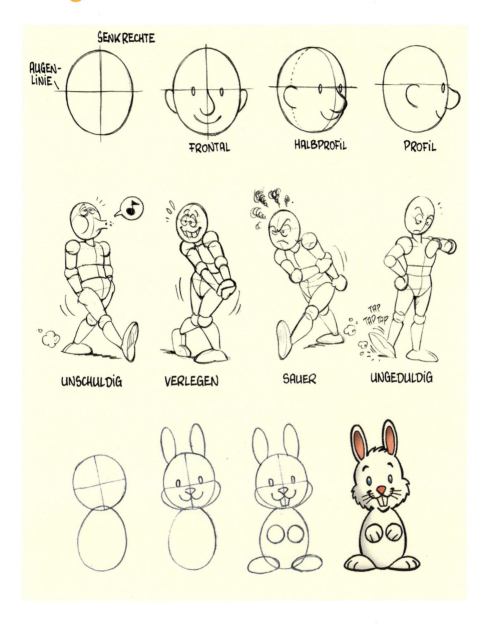

1. Erzähle über deine Erfahrungen mit Bildgeschichten und Comics.

2. Begründe, was dir an ihnen besonders gefällt.

1 Betrachte die sechs Bilder genau. Worin besteht der Witz der Bildgeschichte?
Denke dir einen passenden Titel aus.
Den Originaltitel findest du im Anhang auf S.159.

e.o. plauen

Vater und Sohn

2 Was geschieht auf jedem einzelnen Bild? Formuliere je einen Satz.

3 Erzähle die Geschichte jetzt im Zusammenhang.

Lisa Jahsnowski

Bildgeschichte

❶ Diese Bildgeschichte hat eine Schülerin im Rahmen eines Comic-Wettbewerbs der »Berliner Zeitung« gezeichnet. Erzähle die Geschichte nach.

❷ Überlege dir einen lustigen Titel.

❸ Diskutiert eure Titelvorschläge.

Wilhelm Busch

Die kluge Ratte

Es war einmal eine alte, graue Ratte,
die, was man sieht, ein Fass gefunden hatte.

Darauf, so schaut die Ratte hin und her;
was in dem Fasse drin zu finden wär.

Schau, schau! Ein süßer Honig ist darein,
doch leider ist das Spundloch viel zu klein.

Indes die Ratten sind nicht gar so dumm,
sieh nur, die alte Ratte dreht sich um.

Sie taucht den langen Schwanz hinab ins Fass
und zieht ihn in die Höh' mit süßem Nass.

Nun aber ist die Ratte gar nicht faul
und zieht den Schwanz sich selbst durch das Maul.

1. Erzähle die Bildgeschichte mit eigenen Worten nach.

2. Hast du schon einmal ähnlich »kluge« Tiere beobachtet? Berichte darüber.

3. Reimen macht Spaß, versucht es selbst. Wählt eine der Bildgeschichten auf S. 30–31 aus und erfindet einen Text zu jedem Bild.

Fachübergreifendes

1 Informiere dich auf den beiden folgenden Seiten über die Merkmale von Comics.

Comics – witzige Geschichten in Bildern

Comics heißen wörtlich übersetzt »drollige Streifen« und stehen in der Tradition des Bilderbogens sowie gezeichneter und gedruckter Bildgeschichten, wie es sie bereits seit dem Mittelalter gibt. Die heutigen »Comicstrips« kamen in den 30er-Jahren des 20. Jahrhunderts aus
5 amerikanischen Zeitungen zu uns. Dort gab es sie schon Ende des 19. Jahrhunderts als Fortsetzungsserien.

Ein wichtiges Element der Comics sind die **Sprechblasen**, auch Balloons
10 genannt. Sie bilden einen Rahmen für die gesprochenen Dialoge der Figuren.

Mit der Gestaltung der **Schrift** können Lautstärke, Gefühle und
15 Stimmungen ausgedrückt werden. Groß und fett steht für Rufen oder Brüllen. Dünne und krakelige Schrift kann Angst bedeuten. Altmodische oder geschwungene Schreibschrift kann ein Hinweis darauf sein, dass die sprechende Person aus
20 einer anderen Zeit kommt.

Manchmal werden statt Sprache oder Text **Symbole** verwendet, z. B. steht eine Glühbirne für einen tollen
25 Einfall oder ein Herz für Verliebtsein.

Onpos sind lautmalende Wörter. Sie treten außerhalb der Sprechblasen auf und verdeutlichen Geräusche, z. B. Booom, Klick, Bang.

Ein Geschehen kann man aus der Ferne oder ganz nah betrachten. In einem Comic wählt man dafür die **Einstellungsgröße**. Will man einen Überblick über den Handlungsort zeigen, dann wählt man eine Totale. Je wichtiger etwas ist, desto größer wird es im Vordergrund gezeichnet.

Wichtig sind ein klarer Bildaufbau und die schwarzen Umrandungen (**Konturen**) um Gegenstände und Figuren.

Bewegungen von Gegenständen und Personen werden durch Bewegungslinien dargestellt. So genannte **Speedlines** verdeutlichen Schnelligkeit, während Zeitlupe durch mehrere Einzelbilder gezeigt wird.

Da es nicht viel Platz für Texte und Dialoge gibt, spielt die Sprache des Körpers (**Gestik**) und die Sprache des Gesichts (**Mimik**) eine große Rolle.

2 Denkt euch einen Dialog aus und schreibt ihn als Sprechblase auf. Nutzt für Gefühle, Lautstärke und Geräusche geeignete Ausdrucksmittel.

3 Gestaltet einen eigenen Comic. Tipps dazu erhaltet ihr auf S. 40.

Tom

① Beschreibe die Situation, die in dem Comic dargestellt wird.

② Charakterisiert die beiden gezeichneten Figuren.

③ Comics gibt es auch in vielen Tageszeitungen.
Bringe Beispiele mit und stelle diese in der Klasse vor.

Thorsten Trantow

Schraubenproblem

❶ Weise an diesem Beispiel die Merkmale eines Comics nach.

❷ Hast du schon einmal eine ähnliche Situation erlebt?
Wenn ja, gestalte sie in einem eigenen kurzen Comic.

Lynn Gross

❶ Diesen Comic hat eine Schülerin im Rahmen eines Comic-Wettbewerbs der »Berliner Zeitung« gezeichnet. Sprecht über seinen Inhalt und erklärt den Titel »Ansichtssache«.

❷ Die Schülerin hat sich für ihren Comic die Figur Calvin aus »Calvin und Hobbes« als Vorbild genommen. Besorge dir in der Bibliothek einen dieser Comics und beschreibe, was für ein Junge dieser Calvin ist.

❸ Hast du selbst eine Lieblings-Comic-Figur? Zeichne einen Comic mit ihr. Die Tipps auf den Seiten 29, 34, 35 und 40 helfen dir dabei.

Bildgeschichten und Comics 39

Christina Thomas

👥 ❶ Diesen Comic hat eine Schülerin aus Dresden gezeichnet.
Tauscht euch über den Titel und das Ende der Geschichte aus.

❷ Nenne Gestaltungsmittel, die Christina Thomas im Vergleich zu Bildgeschichten in ihrem Comic eingesetzt hat. Welche inhaltliche Veränderung ergibt sich daraus?

👥 ❸ Spielt die Situation mit verteilten Rollen. Vergleicht die verschiedenen Spielideen. Denkt euch ähnliche Missverständnisse aus. Tipps zum Spielen findet ihr auf S. 94–95.

Selbst einen Comic gestalten

Dabei könnt ihr einzeln oder in Gruppen arbeiten.
Geht in folgenden Schritten vor, damit eure Arbeit gelingt:

1. Sucht euch ein Thema aus, zu dem ihr einen Comic gestalten wollt. Ihr könnt natürlich auch ein Thema wählen, das ihr auf den Seiten dieses Lesebuchs gefunden habt.
2. Informiert euch über die Gestaltungskriterien des Comics.
3. Denkt euch einen Handlungsablauf aus. Schreibt in Stichworten die Bildfolge und den Text eurer Handlung auf. Bedenkt folgende Fragen:
   - Wird die Handlung nur durch Bilder erzählt? In welcher Reihenfolge läuft sie ab? Wie groß sind die Abstände zwischen den Bildern? Wie viele Bilder werden benötigt und wie werden sie angeordnet?
   - Wer sind die Hauptpersonen, woran erkennt man sie immer wieder? Wie wird ihre Bewegung ausgedrückt?
   - Aus welcher Perspektive soll der Leser auf die Handlung sehen?
   - Wird die Handlung mithilfe von Bild und Text erzählt? Soll sich der Text reimen? Tauchen Geräuschwörter auf? Kann man die Bilder auch ohne Text verstehen?

4. Macht Skizzen, wie ihr euch eure handelnden Personen vorstellt, und entwerft die Bildfolge. Ihr könnt dabei noch experimentieren und verändern.
5. Stellt die Reinzeichnungen her und schreibt die Texte für die Sprechblasen. Ihr könnt sie auch auf dem Computer schreiben, ausdrucken und in die Reinzeichnung kleben. Zum Schluss könnt ihr den Comic je nach Wunsch noch farbig gestalten. Beachtet das schwarze Umranden aller Bildgegenstände und Figuren.
6. Gestaltet ein Deckblatt für eure Geschichte (Titel, Hauptfigur, Verfasser).

Bildgeschichten und Comics **41**

Mangas – Comics der besonderen Art

Manga werden die traditionell schwarz-weiß gezeichneten Comics aus Japan genannt. Das Wort »Manga« setzt sich aus »man« und »ga« zusammen, was übersetzt so viel heißt wie »komische Bilder«.

Für Europäer ist das Besondere an diesen japanischen Comics, dass sie von hinten nach vorne gelesen werden. So schaut man sich auch die einzelnen Bilder nicht wie gewohnt von links nach rechts, sondern von rechts nach links an.

Mangas dienen in Japan auch oftmals als Drehbücher, nach denen dann beispielsweise TV-Serien produziert werden. Diese nennt man jedoch nicht Manga, sondern »Anime«. Mangas und Animes gehören zum japanischen Alltag dazu und bekommen auch in anderen Ländern eine immer größer werdende Fangemeinde. Auf der Leipziger Buchmesse gibt es jedes Jahr sogar einen großen Manga-Wettbewerb für Nachwuchszeichner ab 10 Jahren.

Wie ihr ein Manga richtig lest, könnt ihr an dem Beispielbild sehen.

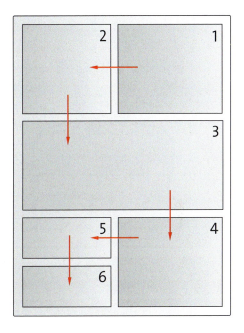

❶ Lies nun das Manga »Chibi Manga Story« in der beschriebenen Weise, also von hinten nach vorne und von rechts nach links (S. 46–42).

❷ Nenne wesentliche Unterschiede zu anderen Bildgeschichten. Welche Comic-Art gefällt dir besonders? Begründe deine Meinung.

❸ Informiert euch im Internet über Manga-Wettbewerbe.

1 *japanisch* Auf Wiedersehen!

Bildgeschichten und Comics 43

Bildgeschichten und Comics 45

46 Kapitel 2

Nina Werner

Chibi[1] Manga Story

1 *japanisch* klein

Kapitel 3
Mit Gedichten durch das Jahr

Christine Busta

Wo holt sich die Erde die himmlischen Kleider?

Wo holt sich die Erde die himmlischen Kleider?
Beim Wettermacher, beim Wolkenschneider.
Sie braucht keine eitlen Samte und Seiden,
sie nimmt, was er hat, und trägt froh und bescheiden
5   das Regenschwere, das Flockenleichte,
das Schattenscheckige, Sonngebleichte,
das Mondgewobne und Sternbestickte,
das Windzerrissene, Laubgeflickte,
das Gockelrote, das Igelgraue,
10 das Ährengelbe, das Pflaumenblaue,
das Gräserkühle, das Nesselheiße,
das Hasenbraune, das Schwanenweiße –
und schlendert die Jahre hinauf und hinunter:
je schlichter, je lieber, je schöner, je bunter.

1 Im Gedicht werden »himmlische Kleider« beschrieben.
Erkläre, was du darunter verstehst.

2 Jede der vier Jahreszeiten ist anders. Suche dir eine Jahreszeit aus
und beschreibe das Besondere an ihr.

Günter Eich

Septemberliches Lied vom Storch

Die Sonne brennt noch überm Luch[1],
vom Grummet[2] weht der Grasgeruch,
die Beere kocht im Brombeerschlag
und lang noch steht die Sonn' im Tag.

5 Er aber glaubt nicht mehr ans Jahr,
der auf dem First zu Hause war.
Nach Süden schwang sein Flügelschlag,
steht lang auch noch die Sonn' im Tag.

Die Frösche quarren doppelt hell,
10 die Maus zeigt unbesorgt ihr Fell.
Der ihnen auf der Lauer lag,
er schwang sich fort vor Tau und Tag,

obgleich noch wie im Sommerwind
die Spinne ihre Fäden spinnt,
15 die Mücke tanzt im Weidenhag
und lang noch steht die Sonn' im Tag.

1 Sumpf
2 zweiter Schnitt von der Wiese zum Heumachen

1 Was erfährst du in dem Gedicht über den Storch und die anderen Tiere?

2 Klärt die Bedeutung der Wörter »Brombeerschlag« (Z. 3), »First« (Z. 6), »quarren« (Z. 9), »Weidenhag« (Z. 15).

3 Der Titel des Gedichts spricht von einem Lied.
Suche eine Melodie, die zu diesem Gedicht passt.

Fachübergreifendes
Die Wanderungen der Weißstörche

Steckbrief: Der Weißstorch
Körperlänge: 115 cm
Flügelspannweite: ca. 200 cm
Gewicht: ca. 3000–4400 g
Nahrung: Regenwürmer, Insekten, Frösche, Eidechsen, Schlangen, Mäuse
Brutverhalten: große Nester auf Häusern und Bäumen; 3–5 weißliche Eier; Brutdauer 33–35 Tage

Weißstörche verbringen die Hälfte des Jahres in ihren mitteleuropäischen Brutgebieten. Von März bis August leben sie bei uns in Europa. Zwischen September und Februar halten sie sich in
5 Afrika auf. Auf ihrer Wanderschaft legen manche Störche 20 000 km im Jahr zurück.

Ende März kommen die Störche bei uns in Mitteleuropa an, bauen ihre Nester und brüten bis zu fünf Eier aus. Da in unseren Wintern die Nahrung für sie knapp wird, ziehen sie Ende des Sommers in wärmere
10 Gebiete. Den Anfang machen die Jungstörche. Mitte August, wenn sie kräftig genug sind, brechen sie in Gruppen auf. Keiner muss ihnen den Weg zeigen. Sie wissen instinktiv, wohin sie fliegen müssen. Die Sonne und das Magnetfeld der Erde helfen ihnen, ihren Weg einzuhalten. Pro Tag fliegen die Störche ungefähr 250 km.
15 Weil die Luftverhältnisse über großen Wasserflächen für den Gleitflug der Störche ungeeignet sind, fliegen die Westzieher über die Meerenge von Gibraltar. Die Ostzieher nehmen die Route über den Bosporus. Sie fliegen über die Türkei nach Ägypten und den Nil entlang.

1 Was hast du Neues über Weißstörche erfahren?

2 Vergleiche das Gedicht über den Storch (S. 48) mit dem Sachtext.

Jürg Schubiger

Herbstgedicht

Ich schreibe dir ein Herbstgedicht
Von überreifen Birnen.
Um Äpfel, Zwetschgen geht es nicht:
Dies ist ein reines Birngedicht,
so tief im Laub und gelb im Licht,
so schwer, dass hier die Zeile b
                                  r
                                   i
                                 c
                                    h
                                     t.

Wolfgang Bächler

Der Nebel

Der Nebel ist unersättlich.
Er frißt alle Bäume, die Häuser,
die parkenden Autos,
die Sterne, den Mond.

5 Der Nebel rückt näher,
unförmig gemästet,
wird dicker und dicker,
drückt gegen die Mauer,
leckt an den Fenstern
10 mit feuchter Zunge,
mit grau belegter,
frißt alles,
frißt dich. Ⓡ

❶ Was erfährst du in den beiden Gedichten über den Herbst?

❷ Beschreibe die Stimmung, die du beim Lesen der Gedichte gefühlt hast.

❸ Der Nebel wird bei Wolfgang Bächler wie eine Person dargestellt.
Zähle auf, was er macht.

Elisabeth Borchers

November

Es kommt eine Zeit
da lassen die Bäume
ihre Blätter fallen
Die Häuser rücken
5 enger zusammen
Aus den Schornsteinen
kommt ein Rauch

Es kommt eine Zeit
da werden die Tage klein
10 und die Nächte groß
und jeder Abend
hat einen schönen Namen

Einer heißt Hänsel und Gretel
Einer heißt Schneewittchen
15 Einer heißt Rumpelstilzchen
Einer heißt Katherlieschen
Einer heißt Hans im Glück
Einer heißt Sterntaler

Auf der Fensterbank
20 im Dunkeln
dass ihn keiner sieht
sitzt ein kleiner Stern
und hört zu

❶ Was wird im Gedicht über den Monat November gesagt?

❷ Denkt euch andere Namen für die Novemberabende aus.

❸ Schreibe ein Parallelgedicht zum Monat Dezember und stelle es deiner Klasse vor.

Frantz Wittkamp

Wie man Gedichte macht

Nichts einfacher als das. Für das Gedichtemachen braucht man keine Ausbildung und kein Werkzeug, weder eine Werkstatt noch eine besondere Arbeitskleidung. Zum Beispiel könnte ich bei einem Spaziergang durch die Stadt ein Gedicht machen, ohne auch nur die Hände aus der Tasche zu nehmen oder irgendwo stehen zu bleiben. Sobald das Gedicht fertig ist, kann ich es in meinem Kopf nach Hause tragen, und niemand ahnt, dass ich etwas mitbringe.

Bei schlechtem Wetter allerdings bleibe ich zu Hause. Ich sitze am Fenster und warte so lange, bis mir etwas einfällt. Früher oder später gibt mir ein glücklicher Zufall Gedanken in den Kopf, aus denen ein Gedicht wird. Meine Arbeit besteht also hauptsächlich im Vertrauen auf diesen glücklichen Zufall.

Einmal, als ich im Sommer beim offenen Fenster auf einen Zufall wartete, geschah etwas Merkwürdiges. Da kam von gegenüber aus der blauen Luft ein Schmetterling. Er schaukelte zum Fenster herein und setzte sich auf meinen Kopf. Das fand ich so schön, dass ich still saß, ohne zu atmen, bis er einen Augenblick später wieder davonflog. Diesen Schmetterling habe ich nicht vergessen. Wie ein schönes Gedicht war er ein glücklicher Zufall. Solche Zufälle lassen sich nicht erzwingen, aber es lohnt sich, auf sie zu warten, und – man kann ihnen das Fenster öffnen.

Frantz Wittkamp

In meinem Kopf ist einer, der spricht.
Der würde mich niemals fragen,
ob ich ihn hören will oder nicht.
Der hat immer was zu sagen.

❶ Was braucht Frantz Wittkamp, um Gedichte schreiben zu können: einen Zufall, einen Vorfall oder einen Einfall?

❷ Gibt es das überhaupt: eine Stimme im Kopf? Begründe deine Meinung.

Wie Sarah Kirsch Gedichte schreibt

Als ich vierzehn war, habe ich meine ersten Gedichte in Schulhefte geschrieben. [...] Das waren so nachempfundene Goethe-Gedichte. Die habe ich bei uns zu Hause im Garten geschrieben. Meine Gedichte hatten immer schon mit Landschaft zu tun. »Auf einem Berg bin ich gestanden / hab' geschaut ins tiefe Tal«. So fing eines an. Am Anfang ist es ganz gut, wenn man etwas nachmachen kann. [...] Es sind optische[1] Eindrücke, die bei mir etwas auslösen. Ich sehe etwas und will haargenau bedenken können, wie es aussah. Wie der Eindruck war. Was ich empfunden habe. Wie der Klang des Windes war. Wie diese Farbe. Es gibt eigentlich immer nur eine richtige Lösung, wie im Kreuzworträtsel, der muss ich so nah wie möglich kommen. Das kann mich tagelang beschäftigen, das ist eine Sucht. [...] Man muss sehr offen sein. Ich habe aber auch immer sehr viel gelesen, ich habe hier eine riesige Lyriksammlung[2], eine ganze Wand voll.

[1] das Sehen betreffend
[2] Bücher mit Gedichten

Sarah Kirsch

Gedichte also sind
Sonderbare kleine
Katzen denen gerade
Die Augen aufgehn. Ⓡ

❶ Was braucht Sarah Kirsch, um Gedichte schreiben zu können: etwas Sichtbares, Hörbares oder Fühlbares?

❷ Welche Gemeinsamkeit könnten Gedichte und Kätzchen haben?

Was man mit Gedichten machen kann

Gedichte sind besondere Texte. Sie haben eine Form, die du sehen, einen Klang, den du hören, und eine Stimmung, die du spüren kannst.

1 Lies, wie einige Schülerinnen und Schüler das Gedicht »Wintergewitter« gestaltet haben.

Jette hat zu dem Gedicht ein Bild gemalt.

Josef Guggenmos

Wintergewitter

Sieben schlummernde Siebenschläfer
schliefen friedlich unter dem Dach.
Da – ein Donnerschlag! Krach!!!
Jetzt waren die sieben friedlich schlummernden
5   Siebenschläfer plötzlich alle hellwach.

Sie schauten verdutzt und sagten: Nanu!
Bald war wieder Ruh.
Da sagten die sieben Siebenschläfer
einander gut Nacht
10 und machten die Augen wieder zu.

Lukas hat das Gedicht für einen Vortrag vorbereitet.

Josef Guggenmos / Wintergewitter /

Sieben schlummernde Siebenschläfer →
schliefen friedlich unter dem Dach. /
Da ↗ / / – ein Donnerschlag! / Krach!!! /
Jetzt waren die sieben friedlich schlummernden →
Siebenschläfer plötzlich alle hellwach. ↘ //

Zeichen:
/ kurze Pause
// längere Pause
→ Textteile verbinden
~~~ leise sprechen
↗ Stimme heben
↘ Stimme senken

Mit Gedichten durch das Jahr

Tabea hat sich eine szenische Darbietung mit musikalischer Untermalung ausgedacht.

Regieanweisungen

Sieben schlummernde Siebenschläfer
schliefen friedlich unter dem Dach.

7 Kinder schlafen unter einem Tisch
Gedichtvortrag: ruhig, gleichmäßig
Xylofon: leiser, regelmäßiger Ton

Da – ein Donnerschlag! Krach!!!

Stimme wird laut
Xylofon: laute Schläge
Kinder erschrecken

Jetzt waren die sieben friedlich schlummernden
Siebenschläfer plötzlich alle hellwach.

Gedichtvortrag: sachlich
Xylofon: unregelmäßig
Kinder schrecken auf, schauen verwirrt

Dennis hat ein Parallelgedicht mit anderen Tieren geschrieben.

Herbstgewitter

Zwei schnarchende Wildschweine
schliefen schon Stunden an einem Platz.
Da – ein Donnerschlag! Krabatz!!!
Jetzt machten die zwei schnarchenden
Wildschweine ganz plötzlich einen riesigen Satz.

2 Schreibe auf, wie die szenische Darbietung weitergeht.

3 Beim Parallelgedicht fehlt noch die zweite Strophe. Vervollständige es.

4 Entscheide dich für eine der Arbeitsweisen und gestalte ein Gedicht deiner Wahl.

Mascha Kaléko

Der Winter

Die Pelzkappe voll mit schneeigen Tupfen,
Behäng' ich die Bäume mit hellem Kristall.
Ich bringe die Weihnacht und bringe den Schnupfen,
Silvester und Halsweh und Karneval.
Ich komme mit Schlitten aus Nord und Nord-Ost.
– Gestatten Sie: Winter. Mit Vornamen: Frost. R

Wolfgang Borchert

Winter

Jetzt hat der rote Briefkasten
eine weiße Mütze auf,
schief und verwegen.
Mancher hat bei Glatteis
5 plötzlich gelegen,
der sonst so standhaft war.
Aber der Schnee hat leis
und wunderbar
geblinkt auf Tannenbäumen.
10 Was wohl jetzt die Schmetterlinge träumen?

❶ Zähle auf, welche Merkmale der Jahreszeit Winter in beiden Gedichten genannt werden.

❷ Verfasse zu einem der Gedichte ein Parallelgedicht und stelle es deiner Klasse vor.

Mit Gedichten durch das Jahr 57

Erika Engel
Sind die Lichter angezündet

Sind die Lichter angezündet,
Freude zieht in jeden Raum;
Weihnachtsfreude wird verkündet
unter jedem Lichterbaum.
5 Leuchte, Licht, mit hellem Schein,
überall soll Freude sein.

Süße Dinge, schöne Gaben
gehen nun von Hand zu Hand.
Jedes Kind soll Freude haben,
10 jedes Kind in jedem Land.
Leuchte, Licht, mit hellem Schein,
überall soll Freude sein.

Sind die Lichter angezündet,
rings ist jeder Raum erhellt.
15 Weihnachtsfriede wird verkündet,
zieht hinaus in alle Welt.
Leuchte, Licht, mit hellem Schein,
überall soll Friede sein.

Nikolaus
lieber Gesell
fülle meine Stiefel
mit Süßkram und Nüssen
mmmh

❶ Beschreibe die Stimmung des Gedichts von Erika Engel.

❷ Lies das Elfchen über den Nikolaus. Verfasse nach dem gleichen Muster Weihnachtselfchen. Du kannst sie als Baumschmuck gestalten und verschenken.

❸ Zu dem Gedicht »Sind die Lichter angezündet« gibt es eine Melodie von Hans Sandig. Singt das Lied der Klasse vor.

Annette von Droste-Hülshoff

Der Frühling ist die schönste Zeit!

Der Frühling ist die schönste Zeit!
Was kann wohl schöner sein?
Da grünt und blüht es weit und breit
Im goldnen Sonnenschein.

5 Am Berghang schmilzt der letzte Schnee,
Das Bächlein rauscht zu Tal,
Es grünt die Saat, es blinkt der See
Im Frühlingssonnenstrahl.

Die Lerchen singen überall,
10 Die Amsel schlägt im Wald!
Nun kommt die liebe Nachtigall
Und auch der Kuckuck bald.

Nun jauchzet alles weit und breit,
Da stimmen froh wir ein:
15 Der Frühling ist die schönste Zeit!
Was kann wohl schöner sein?

Theodor Storm

April

Das ist die Drossel, die da schlägt,
Der Frühling, der mein Herz bewegt;
Ich fühle, die sich hold bezeigen,
Die Geister aus der Erde steigen.
Das Leben fließet wie ein Traum –
Mir ist wie Blume, Blatt und Baum.

1 Vergleiche, wie in beiden Gedichten der Frühling beschrieben wird.

2 Erkläre, warum die Menschen den Frühling besonders schätzen.

Peter Maiwald

Regentag

Paul steht am Fenster.
Paul steht und glotzt.
Der Regen regnet.
Der Regen rotzt.

5 Der Regen nieselt.
Der Regen rinnt.
Der Regen pieselt.
Der Regen spinnt.

Der Regen prasselt.
10 Der Regen fällt.
Der Regen rasselt.
Der Regen hält.

Paul steht am Fenster.
Paul steht und glotzt.
15 Der Regen regnet.
Der Regen rotzt.

1 Im Gedicht wird beschrieben, was der Regen macht.
Überlege, welche Bewegungen und welche Klänge zu den Verben passen.

2 Bereitet den Vortrag des Gedichts vor. Durch passende Begleitgeräusche, z. B. leises und lautes Klopfen mit den Fingern, könnt ihr den Regen hörbar machen.

3 Schreibe ein Parallelgedicht mit dem Titel »Sonnentag«.

Christian Morgenstern

Neue Bildungen, der Natur vorgeschlagen

Der Ochsenspatz
Die Kamelente
Der Regenlöwe
Die Turtelunke
5 Die Schoßeule
Der Walfischvogel
Die Quallenwanze
Der Gürtelstier
Der Pfauenochs
10 Der Werfuchs
Die Tagtigall
Der Sägeschwan
Der Süßwassermops
Der Weinpintscher
15 Das Sturmspiel
Der Eulenwurm
Der Giraffenigel
Das Rhinozepony
Die Gänseschmalzblume
20 Der Menschenbrotbaum.

❶ Nenne die Tiere und Pflanzen, die in den Wortzusammensetzungen stecken.

❷ Ergänzt die Aufzählung mit euren Vorschlägen für Neubildungen in der Natur.

❸ Verfasse ein Parallelgedicht zum Thema »Verrückte Gegenstände«.

Ernst Jandl

auf dem land

riniininininininDER
brüllüllüllüllüllüllüllEN

schweineineineineineineinE
grunununununununZEN

5 hununununununununDE
bellellellellellellellEN

katatatatatatatatZEN
miauiauiauiauiauiauiauEN

katatatatatatatER
10 schnurrurrurrurrurrurrurrEN

gänänänänänänänSE
schnattattattattattattERN

ziegiegiegiegiegiegiegEN
meckeckeckeckeckeckeckERN

15 bienienienienienienienEN
summummummummummummummEN

grillillillillillillillEN
ziriririririririrPEN

...

❶ Ergänze weitere Tiere und die Geräusche, die sie machen.

❷ Schreibe dein eigenes Lautgedicht mit dem Titel »in der stadt«. Notiere dir zuerst, welche Geräusche in der Stadt zu hören sind und wer sie verursacht.

Georg Bydlinski, Winfried Opgenoorth

Fallschirme

lauter
Löwenzahnfall
schirmspringer
ließen sich
langsam durch
die Luft
gleiten und
landeten leise
und leicht

Gerri Zotter, Mira Lobe,
Renate Welsh

Löwenzahn

l ö w e nz a hn sam e n
 s c h w e b e n ü b e r

eine große Wiese

❶ Vergleiche die beiden Gedichte.
Welche Ähnlichkeiten und welche Unterschiede fallen dir auf?

❷ Gestalte eigene Löwenzahngedichte.

Erwin Moser

Gewitter

Der Himmel ist blau
Der Himmel wird grau
Wind fegt herbei
Vogelgeschrei
5 Wolken fast schwarz
Lauf, weiße Katz!
Blitz durch die Stille
Donnergebrülle
Zwei Tropfen im Staub
10 Dann Prasseln auf Laub
Regenwand
Verschwommenes Land
Blitze tollen
Donner rollen
15 Es plitschert und platscht
Es trommelt und klatscht
Es rauscht und klopft
Es braust und tropft
Eine Stunde lang
20 Herrlich bang
Dann Donner schon fern
Kaum noch zu hör'n
Regen ganz fein
Luft frisch und rein
25 Himmel noch grau
Himmel bald blau!

Walther Petri

Der Blitz

er
schlitzt
den
Himmel
flitzt
ins
Gewimmel
spaltet   zick   zack
den Stamm   dann
                            ist
                          es
                       wieder
                     dunkel
                   wie
                 im
               Sack

1 Wie wird in den Gedichten ein Gewitter sichtbar, hörbar und fühlbar gemacht?

2 Bereitet den Vortrag der Gedichte so vor, dass die verschiedenen Eindrücke in einem »Sprachgewitter« hörbar werden.

Irmela Brender

Wolkenbilder

Jennifer und Florian
schauen sich die Wolken an.
Dauernd ändert sich das Bild,
das da aus dem Himmel quillt:

5 Zuckerwatte, Sahneeis
wogen luftig cremig weiß.
Grauer Rauch ballt sich am Rand
zur enormen Rächerhand.

Riesen schlagen eine Schlacht
10 gegen eine Geistermacht,
die beim Angriff rasch verweht
und in zartem Dunst vergeht.

Florian, der Pflanzen liebt,
sieht, dass es da Engel gibt.
15 Rund, in wallendem Gewand
knien sie vor der Wolkenwand.

»Ob, wenn hier die Blumen welken,
dort die Engel Wolken melken?
Und ob aus den Wolkenkühen
20 manchmal Schnee und Hagel sprühen?«

Er hat Jennifer gefragt.
Sie denkt nach, bevor sie sagt:
»Kann schon sein. Ich seh dort drüben
Elefanten Weitsprung üben.

25 Einer ist jetzt hingefallen
und zerschmilzt in lauter Quallen,
wie sie sonst in Meeren treiben.
Gar nicht einfach zu beschreiben.«

Florian sieht keine Quallen,
30 sieht nur Wasserfälle fallen
und dazwischen Krokodile,
ganz vertieft in wilde Spiele.

»Alles ändert sich im Nu –
ich seh dies, und das siehst du.
35 Aber es ist wunderschön,
in den Wolken fernzusehn.«

❶ Finde heraus, welche Wolkenbilder Jennifer erkennen kann und was Florian in den Wolken sieht.

❷ Erkläre die letzte Strophe.

Salvador Dalí: Paar, die Köpfe voller Wolken

Georg Bydlinski

Kleine Wolkengeisterkunde

Weißt du, dass der Wolkengeist
gerne mit Raketen reist?
Weißt du, dass der Wolkengeist
Engeln in die Nase beißt?
Weißt du, dass dem Wolkengeist
seine Brille leicht vereist?
Weißt du, dass der Wolkengeist
täglich Windgebäck verspeist?
Und vor allem: wie er heißt?

Cirruscumulusstratus Franz

Ute Blaich

Schäfchen können niemals fliegen.
Außer – wenn sie Flügel kriegen.
Schäfchenwolken nennt man das.
Fressen Wind und selten Gras.

Hermann Hesse

Die leise Wolke

Eine schmale, weiße
Eine sanfte, leise
Wolke weht im Blauen hin.
Senke deinen Blick und fühle
Selig sie mit weißer Kühle
Dir durch blaue Träume ziehn.

❶ Lies die drei Gedichte und sage, wie sie auf dich wirken.

❷ Welches Gedicht gefällt dir am besten? Warum?

❸ Überlege, welche Bedeutung Wolken für dich haben.
Schreibe darüber ein Akrostichon nach dem
nebenstehenden Muster.

W atteweich
O ben am Himmel
L ämmchenbrav
K reideweiß
E ngelsbett
N ieselig

Kennst du die fünfte Jahreszeit, die Fastnachtszeit, auch Fasching oder Karneval genannt? Es ist eine ausgelassene, fröhliche Zeit: Die Menschen verkleiden sich, feiern und ziehen als Narren durch die Straßen. Auch manche Gedichte gebärden sich so närrisch wie die Narren.

Gerald Jatzek

Gedichte unterwegs

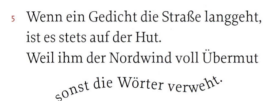

Wenn ein Gedicht in den Spiegel blickt,
schaut ein Gedicht zurück,
Schaut ein Gedicht aus dem Spiegel zurück,
das in den Spiegel blickt.

5 Wenn ein Gedicht die Straße langgeht,
ist es stets auf der Hut.
Weil ihm der Nordwind voll Übermut
sonst die Wörter verweht.

Wenn ein Gedicht auf dem Trampolin springt,
10 übt es in einem fort,
bis ihm bei diesem Sport
endlich ein Salto gelingt.

Wenn ein Gedicht ein Nashorn erblickt,
läuft es rasch davon.
15 Diese Dickhäuter haben schon
manche Zeile zerdrückt.

❶ Lies die Spiegelschrift in der ersten Strophe.

Peter Hacks

Der blaue Hund

Geh ich in der Stadt umher,
Kommt ein blauer Hund daher,
Wedelt mit dem Schwanz so sehr,
Nebenher,
Hinterher
Und verlässt mich gar nicht mehr.
Wedelt mit den blauen Ohren,
Hat wohl seinen Herrn verloren.

Max Kruse

Fischwunder

»Ich geh zu Tisch«,
spricht der Fisch.
Seltsam ist er anzusehn:
Selten können Fische gehn.

Michael Ende

Die Ausnahme

Haben Katzen
auch Glatzen?
So gut wie nie!

Nur die fast unbekannte
so genannte
Glatzenkatze,

die hat 'se.
Und wie!

2 Schreibt zu einem der Gedichte (S. 66–67) eine Fortsetzung.

3 Denke dir eigene Gedichte zum Fasching aus.

Martin Auer

Unnützes Gedicht

In der ersten Zeile steht nicht viel drin,
die zweite Zeile gibt wenig Sinn,
die dritte ist irgendwie drangeleimt,
und die vierte steht nur da, damit es sich reimt.

Die fünfte ist eigentlich überflüssig,
die sechste zu lesen ist vollkommen müßig,
die siebente Zeile ist auch kein Genuss.
Doch zum Glück: Nach der achten Zeile ist Schluss!

Georg Bydlinski

Die Dinge reden

»Ich reime mich auf Zuckerbäcker«,
sagt der alte Rasselwecker.

»Ich reime mich auf Nasenflügel«,
sagt der linke Brillenbügel.

Es brummelt stolz die Tiefkühltruhe:
»Ich reime mich auf Stöckelschuhe.«

Und die Standuhr sagt:
»Merkt ihr es nicht?
Wir sind ein Gedicht!«

1 Tauscht euch darüber aus, was ihr in den beiden Beispielen über Gedichte erfahrt.

2 Überlege dir weitere Reimpaare, die in das untere Gedicht passen.

Kapitel 4
Geschichten von kleinen und großen Tieren

Hunde kommen,
wenn sie gerufen werden.
Katzen nehmen die
Mitteilung zur Kenntnis
und kommen gelegentlich
darauf zurück.

Mary Bly

❶ Erzähle von einem besonderen Erlebnis mit einem Tier.

❷ Beschreibe, wie Mary Bly das unterschiedliche Verhalten von Hunden und Katzen darstellt. Vergleiche ihren Eindruck mit deinen Erfahrungen. Suche Beispiele.

1 Der folgende Text ist eine Fabel. Tragt zusammen, was ihr bereits über Fabeln wisst.

Äsop

Der Fuchs und die Trauben

An einem Rebstocke, der sich an einer hohen Mauer emporrankte, hingen wundervolle, saftige Trauben.
Das sah ein hungriger Fuchs, und gierig machte er sich daran, die Trauben zu erwischen. Ein um das andere Mal sprang er; sprang ganz verzweifelt, so hoch er konnte; ja, schließlich versuchte er sogar, die Mauer zu erklettern.

Aber alles umsonst – sie hingen doch zu hoch!

Nun, da sagte der Fuchs verächtlich: »Die Trauben sind mir viel zu sauer!«, machte ein hochmütiges Gesicht – und ging davon.

2 Welche Lehre will Äsop mit seiner Fabel erteilen? Formuliere sie in einem Satz.

3 Findet Beispiele aus dem menschlichen Leben, auf die diese Lehre ebenfalls zutrifft.

Martin Luther

Vom Raben und Fuchs

Ein Rabe hatte einen Käse gestohlen, setzte sich auf einen hohen Baum und wollte zehren. Da er aber seiner Art nach nicht schweigen kann, wenn er isst, hörte ihn ein Fuchs über dem Käse kecken[1], lief hinzu und sprach: »O Rabe, nun hab ich mein Lebtag keinen schöneren Vogel
5 gesehen von Federn und Gestalt, als du bist. Und wenn du auch so eine schöne Stimme hättest zu singen, so sollte man dich zum Könige krönen über alle Vögel.«

Den Raben kitzelte solch Lob und Schmeicheln; er fing an, wollte seinen schönen Gesang hören lassen, und als er den Schnabel auftat,
10 entfiel ihm der Käse. Den nahm der Fuchs behänd, fraß ihn und lachte über den törichten Raben.

Hüt dich, wenn der Fuchs den Raben lobt; hüt dich vor Schmeichlern, die schinden[2] und schaben[3].

1 das kreischende Geschrei von Rabenvögeln, wie den Krähen und Elstern
2 jemanden überlisten
3 rücksichtslos nach Besitz streben

1 Vergleiche diesen Fuchs mit dem in der Fabel von Äsop.

2 Suche weitere Fabeln, in denen der Fuchs eine Rolle spielt. Welche anderen Eigenschaften verkörpert er in diesen Fabeln?

3 Fertige mithilfe der Vorlage zu einer der beiden Fabeln eine Illustration an.

Fabeltiere zeichnen

Mit einfachen geometrischen Figuren kannst du Fabeltiere zeichnen, z. B. einen Fuchs.

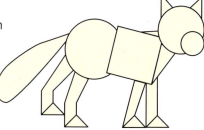

Äsop

Der Wolf und das Lamm

Zum gleichen Bach kamen ein Wolf und ein Lamm, um dort zu trinken. Der Wolf stand oben am Wasser, das Lamm ein Stück abwärts.

Der gierige Räuber suchte Streit: »Warum trübst du mir das Wasser, das ich trinken will?« Das Lamm entgegnete zitternd: »Wie kann das sein? Das Wasser fließt doch von dir zu mir herab.« Der Wolf gab sich nicht zufrieden: »Vor einem halben Jahr hast du übel von mir geredet.« »Da war ich noch gar nicht geboren«, versetzte das Lamm. »Dann ist es eben dein Vater gewesen!«, schrie der Wolf, und ohne weiter nach Gründen zu suchen, packte er das Lamm und fraß es.

Gotthold Ephraim Lessing

Der Wolf und das Schaf

Der Durst trieb ein Schaf an den Fluss; eine gleiche Ursache führte auf der andern Seite einen Wolf herzu. Durch die Trennung des Wassers gesichert und durch die Sicherheit höhnisch gemacht, rief das Schaf dem Räuber hinüber: »Ich mache dir doch das Wasser nicht trübe, Herr Wolf? Sieh mich recht an; habe ich dir nicht vor etwa sechs Wochen nachgeschimpft? Wenigstens wird es mein Vater gewesen sein.« Der Wolf verstand die Spötterei; er betrachtete die Breite des Flusses und knirschte mit den Zähnen. »Es ist dein Glück«, antwortete er, »dass wir Wölfe gewohnt sind, mit euch Schafen Geduld zu haben«, und ging mit stolzen Schritten weiter.

1. Vergleicht den Inhalt der beiden Fabeln. Was hat Lessing geändert?

2. Begründe, warum das Lamm bei Äsop keine Chance hat, dem Wolf zu entkommen.

3. Schreibe eine eigene Fabel, in der der Wolf am Bach auf ein Tier trifft.

Jean de La Fontaine

Die Grille und die Ameise

Die Grille trällerte und sang
Den ganzen lieben Sommer lang.
Und fand sich plötzlich sehr beklommen,
als der Nordwind war gekommen:
5 Im Haus war nicht ein Bröselein
Regenwurm und Fliegenbein.
Hunger schreiend lief sie hin
Zur Ameis', ihrer Nachbarin,
mit der Bitte, ihr zu geben
10 etwas Korn zum Weiterleben
nur bis nächstes Jahr:
Ich werde Euch zahlen, sprach sie gar,
noch vor Verfall[1], mein Grillenwort,
Hauptstock[2], Zinsen und so fort.
15 Die Ameis' aber leiht nicht gern;
sie krankt ein wenig an Knausrigkeit:
Was triebt Ihr denn zur Sommerzeit?,
fragt sie die Borgerin von fern.
Da war ich Tag und Nacht besetzt,
20 ich sang und hatte viel Applaus.
Gesungen habt Ihr? Ei der Daus,
wohlan, so tanzet jetzt!

1 *hier:* vor Ablauf der Frist

2 *hier:* geborgte Geldsumme

Helmut Arntzen

»Was Singen und Arbeiten betrifft, so habe ich schon deiner Mutter gute Ratschläge gegeben«, sagte die Ameise zur Grille im Oktober. »Ich weiß«, zirpte die, »aber Ratschläge für Ameisen.«

❶ Erzähle die obere Fabel nach und formuliere eine Lehre.

❷ Überlege, was Helmut Arntzen mit seiner modernen Fabel ausdrückt.
Bist du seiner Meinung? Begründe.

Erzählende Texte erschließen

Auf den folgenden Seiten lernst du unterschiedliche Texte über Haustiere kennen. Zum Teil sind es Sachtexte, wie du sie in Zeitungen, Zeitschriften und Sachbüchern findest. Viele der Texte sind jedoch kurze Erzählungen oder Auszüge aus Kinderbüchern. Diese Texte kannst du gut verstehen, wenn du bestimmte Arbeitsschritte einhältst.

1. Beschreibe, wie der Text beim ersten Lesen auf dich wirkt.
   Gib wieder, ob du ihn z. B. komisch, traurig, spannend, beeindruckend oder zum Nachdenken anregend findest.

2. Formuliere, was dir an dem Text besonders wichtig erscheint, und erschließe die Textstellen, die dir unklar geblieben sind.

3. Nutze W-Fragen, um die Handlung vollständig zu erfassen:
   Wer?, Wo?, Wann?, Was?, Wie?, Warum?

4. Unterteile den Text in einzelne Handlungsabschnitte und gib jedem Abschnitt eine Zwischenüberschrift. So behältst du den Überblick.

5. Die Figuren der Geschichte kannst du dir besonders gut vorstellen, wenn du zunächst alle Informationen suchst, die im Text über ihr Äußeres enthalten sind. Du kannst eine Figur zeichnen, einen Steckbrief anfertigen oder einen Monolog entwerfen, in dem sich die Figur selbst vorstellt.

6. Finde anschließend heraus, wie die Figuren denken und handeln.
   Notiere dir Textstellen, in denen das Verhalten der Figuren beschrieben wird oder sie sich selbst einschätzen. Daraus kannst du ihre Eigenschaften ableiten.

1 Lies die Geschichte und untersuche sie mithilfe der Schrittfolge auf S. 74.

Alfred Könner

Der Wolf und der Haushund

Ein hungriger Wolf begegnete einem Haushund. Dem Wolf stachen die Rippen aus dem Fell, der Haushund aber war wohlgenährt und hatte ein glänzendes Fell.

»Weißt du, wo es was zu fressen gibt?«, fragte der Wolf.

»Bei mir zu Hause steht der Napf immer voll«, sagte der Hund. »Mein Herr gibt mir saftige Knochen und Fleisch. Dafür belle ich ihm die Diebe vom Hof. Ich habe nicht viel zu tun. Ein feines Leben führe ich und kenne keine Not. Versuch es doch einmal selbst!«

Mehr wollte der Wolf nicht wissen. Ein solches Leben hatte er sich schon immer gewünscht. Und so lief er mit dem Haushund ins Dorf. Als sie aber aus dem Walde traten, bemerkte der Wolf eine rote Narbe am Halse des Hunds.

»Was ist das?«, fragte der Wolf und zeigte mit der Pfote auf den blutigen Streif.

»Eine Narbe«, sagte der Hund. »Sie kommt von der Kette, die ich am Tage tragen muss. Doch ich bin sie gewohnt.«

Der Wolf zuckte zurück. »Eine Kette musst du tragen? Nein, das ist nichts für mich. Lieber will ich hungern als angekettet sein.«

Sprach's und rannte in den Wald zurück.

2 Tauscht euch darüber aus, warum sich der Wolf entschließt, in den Wald zurückzurennen.

3 Lest diesen Text mit verteilten Rollen.

4 Stellt die Begegnung zwischen Wolf und Hund szenisch dar.
Besprecht vorher, welche Körperhaltung die beiden Tiere einnehmen könnten.
Tipps zum Spielen findet ihr auf S. 94–95.

Die 10-jährige Ich-Erzählerin India Opal entdeckt in einem Winn-Dixie-Supermarkt in Florida einen verwaisten Hund, den sie wegen seines bezaubernden Lächelns sofort ins Herz schließt. Eine wunderbare Freundschaft beginnt.

Kate DiCamillo

Winn-Dixie

Ich heiße India Opal Buloni, und letzten Sommer schickte mich mein Vater, der Prediger, in den Supermarkt, um eine Packung Makkaroni mit Käsesauce, etwas Reis und zwei Tomaten zu kaufen. Zurück kam ich mit einem Hund.

5 Und das kam so: Ich ging in die Gemüseabteilung von Winn-Dixies Supermarkt, um die beiden Tomaten auszusuchen, und fuhr mit meinem Wagen um ein Haar in den Filialleiter rein. Der stand da mit rotem Gesicht, schrie und fuchtelte mit den Armen. »Wer hat den Hund reingelassen?«, rief er immer wieder. [...]

10 Zuerst hab ich gar keinen Hund gesehen. Nur jede Menge Gemüse, das über den Boden rollte. [...] Und Heerscharen von Winn-Dixie-Angestellten, die herumrannten und mit den Armen fuchtelten [...].

Dann kam der Hund um die Ecke geschossen. Er war groß. Und hässlich. Und er sah aus, als machte ihm das alles großen Spaß. Die Zunge
15 hing ihm aus dem Maul und er wedelte mit dem Schwanz. Schleudernd kam er zum Stehen und lächelte mich an. Ich hatte noch nie in meinem ganzen Leben einen Hund lächeln sehen, aber genau das tat er. [...]

Dann wedelte er so heftig mit dem Schwanz, dass er ein paar Orangen von einem Ständer fegte, die in alle Richtungen rollten, zusammen mit
20 den Zwiebeln, den Tomaten und den grünen Paprikaschoten.

Der Filialleiter schrie: »So halte doch einer den Hund fest!«

Der Hund lief zu dem Filialleiter hin, wedelte mit dem Schwanz und lächelte. Dann stellte er sich auf die Hinterbeine. Es sah aus, als ob er dem Filialleiter von Angesicht zu Angesicht für den Spaß danken wollte,
25 den er in der Gemüseabteilung gehabt hatte, aber irgendwie warf er dabei den Filialleiter um. [...] Der Hund beugte sich ganz besorgt über ihn und leckte ihm das Gesicht ab.

»Bitte«, flehte der Filialleiter. »Es muss einer den Hundefänger holen.«
»Halt!«, rief ich. »Nicht den Hundefänger! Das ist mein Hund!«

30 [...] Mir war klar, ich hatte etwas Unglaubliches getan, vielleicht auch etwas Dummes. Aber ich konnte nicht anders. [...]

»Bei Fuß, Junge«, sagte ich.

Der Hund hörte auf, dem Filialleiter das Gesicht abzulecken, spitzte die Ohren und sah mich an, als versuchte er, sich zu erinnern, woher er mich
35 kannte.

»Bei Fuß, Junge«, wiederholte ich. Und dann fiel mir ein, dass der Hund – genau wie jeder Mensch – vielleicht gern bei seinem Namen gerufen werden wollte. Nur dass ich seinen Namen nicht wusste.

Also sagte ich das Erste, was mir einfiel. Ich sagte: »Bei Fuß, Winn-Dixie.«
40 Und der Hund trottete zu mir herüber, als ob er sein Leben lang nichts anderes getan hätte.

Der Filialleiter setzte sich auf und sah mich böse an. Wahrscheinlich dachte er, ich wollte ihn veräppeln.

»So heißt er«, sagte ich. »Ehrlich.«
45 [...] »Weißt du nicht, dass Hunde im Supermarkt verboten sind?«

»Doch, Sir«, sagte ich. »Er ist aus Versehen hier reingekommen. Tut mir leid. Es wird nicht wieder vorkommen. Komm, Winn-Dixie«, sagte ich zu dem Hund.

Ich ging los und er folgte mir den ganzen Weg aus der Gemüse-
50 abteilung, vorbei an den Müsli- und Cornflakesregalen und durch die Kasse zur Tür hinaus. Als wir draußen in Sicherheit waren, schaute ich ihn mir genauer an. Er sah wirklich nicht gut aus. Er war groß, aber mager, seine Rippen staken hervor. Und überall hatte er kahle Stellen im Fell. Im Großen und Ganzen sah er aus wie ein alter brauner
55 Teppich, den man im Regen draußen vergessen hatte.

»Du siehst ja richtig schlimm aus«, sagte ich zu ihm. »Ich wette, du gehörst zu niemandem.«

Und dann gingen wir beide, Winn-Dixie und ich, nach Hause.

❶ Suche die Textstellen heraus, in denen Winn-Dixie beschrieben wird.

❷ Überlege dir ein lustiges Erlebnis mit Winn-Dixie und schreibe es auf.

Christa Kožik

Kicki und der König

Ein Katzenroman

An einem schönen grünen Regentag bekam ich eine Einladung ins Ausland, in ein Land, in welchem noch ein König regierte. Ich sollte dort den Kindern aus meinen Büchern vorlesen.

Mit dem Flugzeug flog ich also nach Maien-Land. So hieß das Land, und ich war ein bisschen aufgeregt, denn ich hoffte im Stillen, auch den König kennen zu lernen, denn noch nie hatte ich einen richtigen König aus der Nähe gesehen.

Ich kam gut in Maien-Land an und las den Kindern aus meinem Buch, in welchem eine Katze vorkommt, die Kaugummi kaut und die sich immer in die Brauerei schleicht, um Bier zu trinken. Und die sprechen kann.

Die Kinder von Maien-Land verstanden alles genau und wir hatten unseren Spaß.

Nach der Lesung kam ein Mädchen zu mir und gab mir mit artigem Knicks die Hand. Ihre Hand war so weich wie eine Katzenpfote. Sie hatte nussbraune Haare und trug auf der kleinen Nase, die mit goldrosa Sommersprossen betupft war, eine goldgeränderte Brille. Das gab ihr ein kluges Aussehen. Das Mädchen war etwa 13 Jahre alt.

»Ich heiße Kicki, so wie Ihre Katze im Buch«, sagte sie zu mir. »Und ich kann auch schnurren.«

Und sogleich fing sie an, wohlig zu schnurren, und ihr Schnurren verbreitete eine gemütliche Atmosphäre wie am warmen Ofen. Und jetzt sah ich, dass das Mädchen ganz seltsame Augen hatte, schräg geschnitten wie bei den Katzen, und das eine Auge war himmelblau, das andere honigfarben. So etwas hatte ich noch nie gesehen.

»Wo hast du denn das Schnurren gelernt?«, fragte ich das Mädchen.

Sie zwinkerte mir mit dem honigfarbenen Auge zu.

»Sie werden es nicht glauben. Aber ich war früher eine Katze«, antwortete sie halb schnurrend.

So, so, denke ich. Die Kinder von Maien-Land haben ja noch ganz schöne bunte Gedanken im Kopf. Also ist nichts verloren.

»Und dann hast du dich eines Tages einfach von einer Katze ... in ein Kind verwandelt?«, fragte ich, denn ich bemühe mich immer, Kinder sehr ernst zu nehmen. Das Mädchen schnurrte ein fröhliches Ja.

35 »Und warum hast du dich verwandelt?«, forschte ich weiter.

»Weil ich mich in den König verliebt habe. Da wollte ich lieber ein Mädchen sein«, antwortete sie.

Nun wusste ich aus eigener Erfahrung, dass einem aus Liebe die seltsamsten Wunderdinge passieren, warum nicht auch einem Kinde.

40 »Ich möchte Ihnen gerne mein Leben erzählen, damit Sie es aufschreiben. Sie können es besser. Und Ihnen glaubt man auch mehr als einem Kinde«, setzte sie hinzu.

So kam es, dass das Mädchen Kicki mir ihre Lebensgeschichte als Katze erzählte. Ich habe alles getreulich aufgeschrieben und habe auch einiges
45 dazuerfunden, aber das ist eben die Dichterfreiheit.

Und ein bisschen Spaß hatte ich dann auch dabei, denn ein abenteuerliches, lustiges und aufregendes Leben hatte Kicki wirklich geführt.

Und schließlich ist Kicki ja auch berühmt geworden, denn sie wurde die Vertraute und erste Beraterin des Königs. Und das passiert ja selten
50 einem Kinde. […]

1 Das Aussehen der 13-jährigen Kicki wird sehr genau beschrieben. Fertige eine Zeichnung von ihr an.

2 Im Text ist davon die Rede, dass die Kinder von Maien-Land »schöne bunte Gedanken im Kopf« (Z. 31) haben. Überlegt, was die Ich-Erzählerin damit meint.

Die Katze Kicki sah sich aufmerksam in der Runde um, jedem schenkte sie einen forschenden Blick, dem Wirtschaftsminister, dem Presseminister, dem Werbeminister, dem Schulminister, dem Sportminister, dem Kulturminister, dem Verteidigungsminister ... Aber ich will euch nicht langweilen, ihr wisst ja selbst, welche Minister es gibt.

Zuletzt sah Kicki den König an und kniff vertraulich ein Auge zu. Dann öffnete sie ihren kleinen Katzenrachen und sagte schlicht »Miau«.

»Ja, also das ist unsere neue Mitarbeiterin. Sie hat eine ganz besondere Gabe. Aber diese bleibt vorerst noch geheim«, stellte der König Kicki vor.

Der Älteste des Königlichen Rates, so nannte man die Versammlung der Minister und Regierungsbeamten, trat vor und sagte betroffen: »Erlauben Eure Königliche Majestät mir eine Frage? – Eine Katze im Königlichen Rat, das ist doch nicht Ihr Ernst. Es ist wohl nur ein kleiner Morgenspaß Eurer Majestät?« Und er lachte ein künstliches Lachen.

»Nehmen Sie es, als was Sie wollen«, antwortete der König und schob sich die Krone ins Genick wie einen Hut.

Und er dachte, wartet nur ab, euch wird schon noch das Lachen vergehen.

Kicki richtete sich auf, rückte die Brille zurecht und sprach mit leichter Neigung des Kopfes: »Mein Name ist Kicki Filosofia von Veritas[1] ...«

Bei diesem Satz zuckten alle zusammen, als seien sie von einer Biene gestochen.

»Ich stamme von den heiligen Katzengöttern von Bastet ab und verkörpere die lebenserhaltende Kraft der Wahrheit. Ich gelte als Beschützerin und fröhliche Helferin der Menschen, besonders der Frauen und der Kinder«, sprach sie mit bescheidener Anmut.

Staunen und Schweigen machten sich breit.

»Und ich bin eine politische Katze«, setzte sie noch hinzu. Nachdem sich alle von diesem Schock erholt hatten, ließ sich der König über das Tagesprogramm informieren.

Der Presseminister Kampfhenkel teilte mit, dass draußen die zwanzig Fotografen warteten, um Seine Königliche Hoheit wie jeden Tag zu fotografieren.

---

1 *lateinisch* Wahrheit

»Sollen alle weggeschickt werden. Es gibt genug Fotos von mir«, muffte der König.

Der Sicherheitsminister trat vor und fragte, was aus den fünfhundert Leibwächtern und Kammerdienern werden sollte, die der König nach seinem Umzug entlassen hatte und die jetzt arbeitslos waren.

»Sie sollen umlernen, andere Berufe ausüben, da wo sie gebraucht werden, in Fabriken, in der Landwirtschaft, beim Straßenbau …«

»Aber Majestät, solche qualifizierten Fachkräfte …«, protestierte der Sicherheitsminister. »… werden nicht untergehen«, fiel ihm der König ins Wort, »der Nächste.«

Der Nächste war der Werbeminister Wettengel. Er legte dem König eine Liste von Sprüchen zum bevorstehenden Jahrestag von Maien-Land vor.

»Lesen Sie vor …«

Der Werbeminister las:

»Glück und Kohle zu des Volkes Wohle
Frauen, Männer und Kinder, erfüllt euch mit Begeisterung.«

»Einstampfen«, sagte der König.

»Wie meinen Euer Majestät?«

»Wir müssen Papier sparen. Wozu brauchen wir die geklopften Sprüche. Die gute Sache wächst in den Herzen der Menschen und nicht auf dem Papier.«

»Aber es muss doch etwas auf den Schildern stehen, oberhoheitlicher König des maien-ländischen Reiches«, wendete der Werbeminister ein.

»Nichts. Nichts soll draufstehen. Verstanden?«

Der Werbeminister Wettengel trat betreten ab.
[…]

Dann kam der Zeremonien-Minister und legte die neue Königliche Jubel- und-Wink-Ordnung vor. Neu daran war, dass auch vorbeischwimmenden und Rad fahrenden Königen gehuldigt werden sollte. König Karl schickte den Jubel- und Winkminister erst mal weg. Der Tag wurde noch sehr anstrengend. Als Erstes kam eine Abordnung Nonnen und bat um neue Gesangbücher. Einige Frauen vom Frauenverein Maien-Land ersuchten den König um die Durchsetzung neuer Kochrezepte und Strickmuster.

Der Brieftaubenverein verlangte neue Briefmarken.

Viele Bittsteller kamen. Die einen baten um Pferde und Kutschen, die anderen um ein Stück Wiese oder Wald, andere dachten allgemeinnützlicher und schlugen vor, noch mehr Theater und Konzertsäle zu bauen. Hundert Beschwerdebriefe mussten täglich beantwortet werden. Dazu kamen Laufboten mit unguten Nachrichten: ein Großbrand auf dem Lande, im Königlichen Kraftwerk war der Strom ausgefallen, weil der Wächter betrunken war, ein Zugunglück am Bahnhof Oberhässlich und so weiter.

Und die Besucher kamen und gingen.

Der König hielt sich mit einer Hand ein Ohr zu, mit der anderen hielt er sich den Bauch, weil er Bauchschmerzen hatte. Er trank Unmengen Tee. Kicki saß neben ihm auf dem Sessel und sah und hörte sich alles an. Ab und zu flüsterte sie ihm gute Ratschläge ins Ohr, wackelte mit den Ohren, mal mit dem rechten, mal mit dem linken, klopfte mit dem Schwanz oder hob die rechte oder linke Pfote.

Das waren verabredete geheime Zeichen zwischen ihr und dem König. In der Mittagspause schnurrte sie ihm die Bauchschmerzen weg. Nachmittags mussten sie zu einer Preisverleihung und zur Eröffnung der Kulturtage von Oktober-Land. Und abends ins Galakonzert der Königlichen Oper, dessen Ehrenpräsident der König war.

Aber von Tag zu Tag ging ihm das Regieren besser von der Hand. Kicki war immer dabei.

3 Suche Informationen zu den heiligen Katzengöttern von Bastet.

4 Erschließe aus dem Text, wie der König regiert hat, bevor Kicki kam. Welchen Einfluss hat Kicki auf den König?

Fachübergreifendes

Anneliese zum Kolk

Auf leisen Pfoten

Wer ganztags berufstätig ist und eine Katze sieben bis acht Stunden allein in der Wohnung eingesperrt hält, weiß oft nicht, was er ihr damit antut.

Katzen bemerken die kleinsten Bewegungen und beobachten ihre Umgebung genau – und in einer leeren Wohnung bewegt sich nichts. […] Natürlich können Katzen, die sich in ihrer Umgebung eingewöhnt haben, tagsüber auch mal allein bleiben: Es ist dann jedoch besser, wenn man mindestens zwei Katzen hält. Sie leisten einander Gesellschaft, können zusammen spielen und leiden nicht so unter der Einsamkeit.

Junge Katzen darf man niemals einen ganzen Tag allein lassen. Sie ängstigen sich, schreien und fühlen sich verlassen. […]

Katzen wollen auch von kleinen Kindern richtig und einfühlsam behandelt und keineswegs wie ein Stofftier herumgezerrt werden. Jede Katze hat ihre eigene Persönlichkeit. So gibt es Katzen, die es gar nicht lieben, dauernd auf den Arm genommen zu werden. Man sollte auch nicht hinter einem Kätzchen herlaufen, sondern warten, bis es von selbst kommt. Wenn sich eure kleineren Geschwister ein Kätzchen wünschen, solltet ihr wissen, dass Kinder im Alter von zwei bis fünf Jahren und Katzen nicht gerade ein ideales Team bilden. Kleinkinder sind in ihrer Entdeckerphase und möchten alles festhalten und untersuchen. Und ein Katzenkind, das mit dem kleinen Menschen nur schlechte Erfahrungen macht, wird als erwachsene Katze nicht besonders freundlich sein. […]

1 Überfliege den Text. Suche Schlüsselwörter zur Haltung von Katzen heraus.

2 Teile den Text in Abschnitte ein und überlege dir Zwischenüberschriften.

3 Sammle weiteres Material über Katzen als Haustiere und stelle sie deinen Mitschülerinnen und Mitschülern in einem kurzen Vortrag vor.

① Betrachte das Foto auf S. 85 und lies zunächst alle Informationen um den Haupttext herum: Überschrift, Untertitel, Bildunterschrift, die Angabe zum Erscheinungsort. Vermute, woher der Text stammt und worum es geht.

② Lies nun den ganzen Text und überprüfe deine Vermutungen.

Hauke Gruhn

Mini-Eber »Balu« fühlt sich richtig sauwohl

Elf Monate altes Minischwein sorgt für Aufsehen und hat einen »pikanten« Mitbewohner

Oldenburg. Eber »Balu« zieht in Oldenburg die Blicke auf sich. Während Hunde zum alltäglichen Bild gehören, sind Schweine an der Leine eine echte Attraktion. »Frauchen« Inga Jacob kaufte den inzwischen elf Monate alten Mini-Eber bei einer Züchterin in Schwerin und führt ihn nun täglich durch Oldenburg.

»Wegen einer Tierallergie konnte ich keine Hunde und Katzen halten, bei Borstentieren ist das was anderes«, weiß die Tierfreundin. Als sie Minischweine im Fernsehen sah, war es um sie geschehen. Der mittlerweile acht Kilogramm schwere »Balu« gehört zur seltenen Rasse der »Forsthofer Minipigs«, einer Unterart der Familie der Minischweine. Das Vorurteil, Schweine seien besonders dreckige Tiere, kann Inga Jacob nicht bestätigen. »Balu ist wirklich sauber, er benutzt ein Katzenklo im Badezimmer.« Dort hat er auch seinen Schlafplatz, im Winter am liebsten dicht an der Heizung. »Kälte und Regen mochte er am Anfang gar nicht«, so die Borstentierfreundin. Wenn Inga Jacob mit »Balu« spazieren geht, reagieren besonders Kinder neugierig. Viele wollen dann kurzum auch ein Schwein haben. Hunde staunen ebenfalls nicht schlecht, wenn sie den elf Monate alten Eber zum ersten Mal erblicken. »Die meisten Hunde reagieren interessiert, manche sogar verängstigt«, so die Oldenburgerin.

Sein Zuhause teilt sich »Balu« pikanterweise mit der Schnecke »Schneck«. Diese schmuggelte sich unter einem Salatkopf versteckt in Inga Jacobs Wohnung und ist seit nunmehr zwei Jahren feste Untermieterin. Weil »Balu« aber bei Heißhunger auch auf Mitbewohner keine

»Schwein gehabt« hat Inga Jacob mit ihrem pflegeleichten »Balu«.

25 Rücksicht nehmen kann, müssen die beiden so gänzlich verschiedenen Haustiere getrennt gehalten werden. An Schnecken in der »freien Wildbahn« vergreift sich »Balu« übrigens ständig. Gut, dass »Schneck« vom Schicksal ihrer Artgenossen nichts ahnt.

Ansonsten nimmt der Mini-Eber auch mit Obst, Gemüse, Pferdefutter,
30 trockenem Brot, Gras und Blättern vorlieb. Andere Minischweinbesitzer kennt Inga Jacob in Oldenburg nicht. »Aber in anderen Städten gibt es einige.« Eine Zucht strebt sie indes nicht an. »Geht ja auch gar nicht. Balu ist nämlich kastriert«, so die Schweinehalterin.

Selbst wenn »Balu« bald sein Endgewicht von 13 Kilogramm erreichen
35 sollte, unter dem Fallbeil eines Metzgers wird er wohl nie landen. So kann er einem langen erfüllten Leben entgegensehen, schließlich werden »Forsthofer Minipigs« bis zu 15 Jahre alt. Und in Oldenburg fühlt »Balu« sich richtig sauwohl, besonders im Schlossgarten.

Nordwest-Zeitung, 15.03.2003

3 Trage zusammen, was du über das Minischwein »Balu« erfährst.

4 Sammle weitere Informationen zur Haltung von Minischweinen und präsentiere dein Ergebnis als Plakat.

»Wir haben zu Hause ein Schwein. Ich meine damit nicht meine kleine Schwester ...«

Alles begann damit, dass Zuppi bei einer Tombola den Hauptpreis gewann: ein Ferkel. Rudi Rüssel verändert den Familienalltag gründlich. Die Familie zieht an den Rand eines großen Fußballfeldes.

Hier kann der Vater, ein arbeitsloser Ägyptologe, Platzwart werden und Rudi in Ruhe Schwein sein.

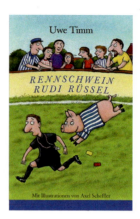

Uwe Timm

Rennschwein Rudi Rüssel

Schweine wachsen erstaunlich schnell. Besonders, wenn sie gut gefüttert werden.
Wir hatten es gegen den Protest von Vater durchgesetzt, dass Rudi Rüssel, wenn wir in der Küche aßen, neben dem Tisch einen Napf auf den Boden
5 gestellt bekam.

In den Napf warfen wir unsere Essensreste: Kartoffelschalen, harte Brotrinden, sehnige Fleischstücke, all das, was normalerweise Vater von unseren Tellern nahm und aufaß, weil er sagte: »Essen darf man nicht wegwerfen.« Jetzt schien er regelrecht erleichtert zu sein, dass Rudi für
10 ihn die Reste verputzte.

Wenn wir ein Stück Schokolade bekamen, dann stupste Rudi mit seinem Rüssel zart das Bein von Mutter an, und dann bekam auch er ein Stück Schokolade. Darüber nörgelte Vater jedes Mal. »Das geht nun wirklich zu weit, ein Schwein mit Schokolade zu füttern. [...]«

15 »Es war ja nur ein ganz kleines Stück Schokolade«, sagte Mutter dann, »heute hat er wieder die Nudeln von vorgestern aufgefressen, die von euch keiner mehr essen wollte.«

Rudi lag auf dem Teppich und lutschte genussvoll das Stückchen Schokolade.

20 Mutter hatte Rudi übrigens schnell stubenrein bekommen. Sie hatte ihn, wie man das bei jungen Hunden macht, mit der Schnauze in seine Pisslachen am Boden gestupst. Seitdem ging er auf sein Torfmullklo im Badezimmer. Zuppi erneuerte jeden Tag den Torfmull.

Schweine sind übrigens von Natur aus sehr reinliche Tiere. Dreckig werden sie nur, weil die Menschen sie so dreckig in kleinen Ställen halten. Hin und wieder wälzen sie sich im Schlamm, und das auch nur, um sich vor den Stichen der Insekten zu schützen. Jedenfalls hielt sich Rudi selbst sehr sauber. Dennoch wurde es Zeit, dass Rudi seinen Stall im Garten bekam.

Aber Vater schnitzte noch immer an den beiden Pferdeköpfen und ich sägte an der Fachwerkkonstruktion des kleinen Bauernhauses.
Mutter sagte: »Das wird der schönste Schweinestall in Deutschland.«

Aber wir sagten uns, solange Vater an diesem Stall arbeitete, würde er Rudi nicht weggeben. Und war der Stall erst mal fertig, würde er es sich bestimmt noch mal überlegen, weil er ja so viel Arbeit in den Stall gesteckt hatte.

1 Was erfährst du über das Schwein Rudi und die Familie, bei der es lebt?

2 Überlegt, wie die Kinder es geschafft haben, ihren Vater zu überreden, das Schwein Rudi Rüssel zu behalten. Spielt die Situation vor.

Dann aber kam der Freitag, an dem Rudi über Nacht zum Helden wurde.

Unsere Eltern waren zu einem Kongress der Ägyptologen nach Berlin gefahren. Vater wollte dort einen Vortrag halten [...].

»Passt auf, dass die Kühlschranktür immer zu ist«, sagte Mutter zu uns, »und schließt gut ab.«

Wir hatten keine Angst, obwohl wir im Parterre wohnten, wo man bekanntlich leichter einsteigen kann. Aber in dem Haus wohnten ja mehrere Familien. Und außerdem war Rudi in der Wohnung. Vater hatte sogar erlaubt, dass Rudi nachts in der Wohnung herumlaufen durfte. Sein Arbeitszimmer hatte er allerdings abgeschlossen.

Wir lagen im Kinderzimmer in unseren Betten. Betti las »Karlsson vom Dach«. Zuppi sah sich die Schweine in dem Bilderbuch »Das Schweinchen Bobo« an und ich las zum dritten Mal »Die Schatzinsel«, das ist mein Lieblingsbuch. Da kam plötzlich Rudi ins Zimmer gelaufen. Er quiekte aufgeregt, lief hin und her und dann wieder hinaus, so als wolle er uns auf etwas aufmerksam machen. Sein Quieken wurde fast zu einem Dauerton, wie ein Pfeifen.

»Ich glaub, mein Schwein pfeift«, sagte Zuppi.

Schließlich standen wir auf und folgten Rudi über den Korridor zur Wohnungstür. Er blieb vor der Wohnungstür stehen.

»Was hat er denn?«, fragte Betti.

»Keine Ahnung.«

Aber dann hörten wir ein Kratzen an der Tür. So als würde jemand an dem Türschloss bohren oder schrauben. Da – in dem Moment – gab es einen Ruck an der Tür, und sie sprang auf, aber nur einen Spalt, denn wir hatten die Türkette vorgelegt. Jemand stemmte sich von draußen gegen die Tür. Aber die Kette hielt. Eine Hand erschien und tastete nach der Kette. Wir standen stumm vor Schreck, und ich spürte, wie mir eisig eine Gänsehaut über den Rücken zum Nacken hochstieg. Auch Rudi stand ganz still vor der Tür und sah hinauf zu der Hand, wie sie langsam die Kette abtastete, bis zu der Stelle, wo sie an der Tür festgeschraubt war. Die Hand verschwand. Kurz darauf erschien die Hand wieder mit einem sehr kurzen Schraubenzieher, den sie an den Schrauben ansetzte, um die Kette abzuschrauben. In diesem Augenblick stellte sich Rudi blitzschnell auf die Hinterbeine und biss in die Hand. Der Schrei des Einbrechers hallte durch das Haus. Schweine haben, das muss man wissen, spitze

Zähne. Rudi ließ nicht los, stand da, stützte sich mit
75 den Vorderpfoten an der Tür ab. Der Einbrecher schrie nochmals und zerrte an der Hand, und erst da, weil Rudi ja auch sehr unbe-
80 quem, nämlich auf den Spitzen seiner Hinterklauen stand, ließ er los.

Draußen im Treppenhaus war das Licht angegangen, und die Leute von den oberen Etagen kamen herunter und riefen, was denn los sei und
85 was das für fürchterliche Schreie gewesen seien. Jemand hatte die Polizei angerufen. Kurz darauf hörten wir die Sirene des Überfallwagens. Wir nahmen die Kette erst dann von der Tür, als die Polizisten davorstanden. Zwei Polizisten kamen herein, sahen Rudi und zogen die Pistolen. Der eine Polizist rief: »Vorsicht, ein tollwütiges Schwein.
90 Aus dem Weg!«, rief er uns zu und wollte auf Rudi schießen. Aber da stellte sich Zuppi vor Rudi und rief: »Nicht schießen, das ist unser Hausschwein. Es hat doch gerade einen Einbrecher vertrieben.«

Erst da begriffen die Leute, dass nicht einer von uns geschrien hatte. Sogleich begannen die Polizisten, den Einbrecher zu suchen. Sie

entdeckten im Vorgarten des Hauses hinter einem Rhododendronbusch einen Mann. Sie führten ihn ins Treppenhaus. Der Mann behauptete, er sei gar nicht in dem Haus gewesen, sondern habe ganz still hinter dem Rhododendronbusch gesessen, und das sei doch wohl nicht verboten.

»Und was haben Sie hinter dem Rhododendronbusch gemacht?«, fragte der eine Polizist.

»Ich musste ein dringendes Geschäft erledigen.«

»War das der Mann, der bei euch einbrechen wollte?«

»Wir haben von dem Mann ja nur die Hand gesehen. Aber seine Hand muss bluten. Rudi hat ihn in die Hand gebissen.«

Der Mann trug seine Jacke über dem Arm, und zwar so, dass man die Hand nicht sehen konnte. Der eine Polizist befahl dem Mann, die Hand zu zeigen, und als er das nicht tat, nahm er ihm einfach die Jacke weg. Und da sah man tatsächlich die Bissstelle in der Hand.

In dem Moment kam Rudi aus der Wohnung. Da bekam der Mann einen fürchterlichen Schreck, hob die Arme über den Kopf und sagte ängstlich zu Rudi: »Schön brav sein, Bello!«

Der Mann war wohl etwas im Kopf verwirrt und hielt Rudi für eine Art kahlen Hund.

Am nächsten Morgen kamen ein Reporter und ein Pressefotograf. Der Fotograf machte mehrere Fotos, vor allem von Rudi Rüssel.

Und das war das erste Foto, das von Rudi in die Zeitung kam: Wir drei Kinder stehen vor der Wohnungstür und vor uns sitzt Rudi auf der rechten Hinterbacke, den Kopf hat er schräg gelegt, die Schlappohren etwas hochgestellt, so als beobachte er aufmerksam den Einbrecher.

Der Artikel, der am Montag in der Zeitung erschien, trug die Überschrift: *Schwein beißt Einbrecher.*

3 Teile den Text in Abschnitte ein und formuliere für jeden Abschnitt eine Überschrift.

4 Entwirf selbst den Zeitungsbericht »Schwein beißt Einbrecher«.

5 Besorgt euch das Buch in der Bibliothek und berichtet über ein weiteres Erlebnis der Familie mit Rudi Rüssel.

Kapitel 5
Bühne frei! – Szenische Texte zum Spielen und Aufführen

1. Erzähle von deinem letzten Besuch im Theater.
Welches Stück hast du gesehen? Wie hat es dir gefallen?

2. Beschreibe die Schauspieler auf dem Foto.
Worum könnte es in dem Stück gehen?

1 Dieser Text unterscheidet sich deutlich von Märchen, Sagen, Fabeln oder anderen Geschichten. Lies ihn und nenne die Unterschiede.

Heinz Schmalenbach

Hausaufgaben

Der Raum ist zweigeteilt. In der einen Hälfte sitzt ein Mann und liest Zeitung. In der anderen sitzt ein zweiter Mann und liest ein Buch.
Junge *(tritt von links auf und hat ein Heft und einen Füller in der Hand)* Du, Papa?
1. Mann *(lässt die Zeitung sinken)* Ja, was ist denn los, Jens?
Junge Ach, Papa, kannst du mir mal helfen, wir haben so blöde Hausaufgaben auf.
1. Mann Blöde Hausaufgaben?! Du wolltest wohl sagen, dass du in der Schule mal wieder nicht aufgepasst hast und jetzt nicht weißt, was du machen sollst.
Junge Nein, ich habe aufgepasst! Aber das sind wirklich ganz blöde Hausaufgaben.
1. Mann Na, dann zeig mal her, was musst du denn machen?
Junge Ach, wir sollen erklären, was »höflich« und »unhöflich« bedeutet.
1. Mann Aber das ist doch ganz einfach! Ich werde dir das erklären oder besser noch, ich mache dir das vor. Hol doch mal das Telefonbuch. *(Junge holt das Telefonbuch.)* So, nun schlag irgendeine Seite im Telefonbuch auf.
Junge *(öffnet das Telefonbuch)* Hab ich.
1. Mann Jetzt nenn mir von dieser Seite eine beliebige Telefonnummer.
Junge Hier habe ich eine, 7 34 25.
1. Mann *(steht auf und geht zum Telefon)* So, jetzt pass auf. Am besten, du stellst dich so, dass du direkt mithören kannst.
(Der Junge stellt sich so, dass er und sein Vater gemeinsam an der Hörmuschel lauschen können – der Vater wählt die Nummer und spricht dabei laut die Ziffern mit.) 7-3-4-2-5. So, und jetzt hör genau zu.
2. Mann *(steht auf und geht zum Telefon)*
Ja bitte, hier Schulte.

30 **1. Mann** Ich hätte gern Ihren Sohn Klaus-Dieter gesprochen.
2. Mann Bitte?
1. Mann Ich hätte gern Ihren Sohn Klaus-Dieter gesprochen.
2. Mann Ich habe keinen Sohn, der Klaus-Dieter heißt. Sie müssen sich verwählt haben.
35 *(legt den Hörer auf und setzt sich wieder)*
1. Mann *(legt den Hörer auf)* Siehst du, Jens, das war höflich.
(nimmt den Hörer und wählt erneut) 7-3-4-2-5.
2. Mann *(steht auf und geht zum Telefon, nimmt den Hörer ab)* Schulte hier.
1. Mann Ich hätte gern Ihren Sohn Klaus-Dieter gesprochen.
40 **2. Mann** Ich habe keinen Sohn, der Klaus-Dieter heißt. Das habe ich Ihnen doch schon einmal erklärt! Sind Sie eigentlich dämlich, Sie Trottel?
(knallt den Hörer auf die Gabel und setzt sich wieder)
1. Mann *(legt den Hörer auf)* Siehst du, Jens, das war unhöflich. Kennst du jetzt den Unterschied?
45 **Junge** Ja, aber jetzt werde ich dir mal zeigen, was stutzig macht.
1. Mann Was stutzig macht?
Junge Ja, was stutzig macht. *(hebt den Telefonhörer ab und wählt)* 7-3-4-2-5.
2. Mann *(geht zum Telefon und nimmt ärgerlich den Hörer ab)* Schulte.
Junge Hallo, Vati, hier ist Klaus-Dieter,
50 hat jemand für mich angerufen?

2 Untersuche, wozu die schräg gedruckten Hinweise dienen.

3 Lest den Text mit verteilten Rollen.

4 Überlegt euch ähnliche Situationen.
Geeignet sind auch Witze, die ihr zu zweit oder dritt spielen könnt.

Die ersten Schritte auf der Bühne

Theater kann man nicht nur mithilfe von Texten spielen, oft reicht es schon, den eigenen Körper so einzusetzen, dass die Zuschauer in den Bann gezogen werden. Hier findet ihr Tipps, wie ihr ausdrucksstark spielen könnt.

1 Wähle eine der folgenden Situationen aus und stelle dir vor, wie du dich fühlst. Deine Mitschüler sollten anhand deiner Mimik erkennen können, wie es dir geht.

- Du hast gerade einen Brief bekommen und liest ihn jetzt. In dem Brief steht, dass du eine Ballonfahrt gewonnen hast.
- Du hast einen traurigen Anruf bekommen: Der Hund, mit dem du immer gespielt hast, ist gestorben.
- In der Pause erfährst du, dass du bei der Schulaufführung die Hauptrolle spielen darfst. Das hast du dir so sehr gewünscht.
- Dein Fußballtrainer hat dir gerade gesagt, dass du bei einem wichtigen Spiel deiner Mannschaft nicht dabei sein darfst.

2 Beim Spielen nur mithilfe von Mimik und Gestik musst du besonders genau und langsam sein. Dies könnt ihr bei der Spiegelbildpantomime üben. Stellt euch zu zweit gegenüber. Einer führt morgendliche Tätigkeiten im Bad vor dem »Spiegel« auf. Der andere ist sein »Spiegelbild« und macht jede Bewegung spiegelverkehrt nach.

- Wische dir den Schlaf aus den Augen.
- Kämme dir die Haare.
- Putze dir gründlich die Zähne. ...
- Säubere am Schluss den Spiegel.

3 Nun könnt ihr schon kleine Stegreifspiele zu zweit oder in größeren Gruppen üben. Wählt dafür eine der folgenden Situationen aus.

- Im Park begegnen sich unterschiedliche Leute: eine alte Frau, ein Polizist bei der Verfolgung eines Taschendiebes, ein Mädchen, das Musik über Kopfhörer hört, spielende Kinder…
Wie reagieren sie aufeinander?
- Bei einer großen Modenschau laufen Models über einen Laufsteg. Sie werden bejubelt oder ausgepfiffen, führen sportliche oder elegante Mode vor, stolpern…
Teilt eure Gruppe in Models und Publikum ein.
- Ein schweres Paket soll in die neue Wohnung geschafft werden: Es probieren ein kleines Mädchen, ein Muskelprotz, eine alte Frau, zwei Jungen…
Verändert weder Form noch Größe des »unsichtbaren« Pakets.

4 Von der Pantomime ausgehend, könnt ihr anschließend probieren, zusätzlich eure Sprache im Spiel einzusetzen. Wählt euch dafür eine der folgenden Situationen aus.

- Ein sehr voller Bus: Menschen stoßen aneinander, beschimpfen sich, jemand bittet um einen Sitzplatz.
- Eine Schulklasse: Der Lehrer hat für kurze Zeit den Raum verlassen, gleich soll eine Mathearbeit geschrieben werden.
- Euer Wohnzimmer: Du bist zu spät gekommen und deine Eltern warten schon auf dich.
- Das Wartezimmer eines Tierarztes: Besitzer verschiedener Tierarten treffen aufeinander.

In einem Projekt hat die Klasse 5 b der »Nordlicht«-Schule in Rostock die Eulenspiegelstreiche zur Vorlage für einen Theaterabend vor Schülern, Lehrern und Eltern genommen.

 1 Lest den szenischen Text mit verteilten Rollen. Achtet auf Regieanweisungen, Sprechpausen und Betonung.

Eulenspiegel-Denkmal in Mölln

Till Eulenspiegel rächt sich an seinen Mitbürgern

1. Bild: Auf der Straße

Till Eulenspiegel und seine Mutter sind in einen heftigen Streit geraten.
Till *(verärgert)* Warum hast du das Seil zerschnitten, auf dem ich über dem Stadtbach balancieren wollte?
Mutter *(ruhig)* Schäme dich herumzutanzen, anstatt ehrlicher Arbeit
5   nachzugehen. Solltest du nicht Eulen und Meerkatzen backen?
Till Das tat ich, doch es war dem Bäcker nicht recht. Mein Kunststück auf dem Hochseil sollte Freude bringen. Doch nach dem Sturz ins kühle Nass kann ich mich in der Stadt kaum noch sehen lassen. Wohin ich auch gehe, überall lacht man mich aus.
10 **Fischhändler** *(ruft aus seinem Laden den beiden zu)* Ah, der Till. Bist du mit meinen Forellen um die Wette geschwommen?
Schneider *(mischt sich lachend ein)* Oh, hoffentlich ist dein Rock nicht beim Tauchen eingelaufen.
Metzger *(geht mit einem Huhn oder Hasen an den beiden vorbei)* Eine warme
15 Rinderbrühe wird dich wieder auf die Beine bringen.
Mutter Deine Mitbürger haben den Spaß verstanden, du wolltest sie belustigen und ich habe meinen Beitrag zur Unterhaltung geleistet.
Till Zum Gespött der Leute wollte ich nicht werden. Jetzt muss ich mir etwas wirklich Originelles einfallen lassen, um meinen guten Ruf
20 wiederherzustellen.

2. Bild: Auf dem Marktplatz vor der Kirche

Till *(auf einem festen Seil zwischen zwei Bäumen)* Diesmal werde ich schon allein für die Unterhaltung sorgen.

Mutter *(beunruhigt)* Was er wohl nun wieder anstellt?

Bürgermeister Sagt, junger Till, welches Kunststück wollt Ihr uns denn heute zum Besten geben?

Fischhändler Werden es diesmal fliegende Fische sein? Der Bach liegt am anderen Ende der Stadt.

Metzger Hoffentlich ist der Teufelsbraten nicht auf Ärger aus.

Till Keine Sorge, heute biete ich euch etwas wirklich Außergewöhnliches. Holt nur eure Frauen und Kinder aus den Stuben und der Kirche, ich zeige euch etwas, das ihr euer Lebtag nicht vergesst.

Mutter Übertreib's nur nicht, mein Sohn!

Till *(ruft der Menge zu)* Jeder von euch gebe mir seinen linken Schuh. *(Die Bürger ziehen ihre linken Schuhe aus und geben sie Till.)*

Greta Hurra, ein Zauberkunststück.

Anna Oder er ist ein Jongleur.

Hans Vielleicht kann er aus meinen alten Holzschuhen lederne machen, dann kann auch ich zur Schule gehen.

Bürgermeister Wartet nur nicht zu lange mit dem Kunststück, die Leute werden schnell ungeduldig.

Till Nur Geduld, liebe Bürger. Ihr werdet selbst die Hauptakteure meiner Darbietung sein. Ich werde eure Schuhe auf meine Zauberschnur fädeln.

Fischhändler Mach schneller, sonst werden meine Fische zu Katzenfutter.

Schneider Eile dich, der Graf will endlich seinen maßgeschneiderten Umhang bewundern.

Metzger Lass uns nicht warten, sonst endest du am Fleischerhaken. *(Till tanzt mit den aufgefädelten Schuhen auf dem Seil.)*

Bürger *(aufgebracht)* Nun mach schon. Beginne mit deiner Vorstellung oder gib uns unsere Schuhe wieder.

Till Was, ihr wollt nicht warten? Beim Sturz in den kalten Stadtbach habt ihr doch auch Zeit genug gehabt zu gaffen und zu lachen. Aber ein Schelm weiß, wann es Zeit für eine Lehre ist. *(wirft sämtliche Schuhe wieder in die Menge)*

Greta Das ist meiner. Er hat ganz schiefe Absätze.

Anna Der sieht aber nach meinem aus.
Hans Ich bin stärker, deshalb gehört er mir.
60 **Fischhändler** Dieser riecht nach ranzigem Fisch, der muss mir gehören. Was, er ist zu klein? Dann nehm' ich besser noch zwei.
Schneider Ich stech' mit meiner
65 Schere zu, wenn ihr mir meine Galoschen stehlt.
Metzger Lass das sein, sonst …
(Es kommt zu einer wilden Rauferei. Die Leute beeilen sich, so viele Schuhe wie
70 *möglich zusammenzuraffen.)*

Till Das geschieht euch recht, warum habt ihr mich auch ausgelacht? Jetzt lacht über euch selbst.
Bürgermeister Lachen? Das Lachen wird dir gleich vergehen.
Fischhändler Na warte, dir werde ich die Flausen austreiben!
75 **Metzger** Bleib stehen, ich will dir schon den Schinken ausklopfen.
Mutter Ach Till, das wird dir noch viel Unglück bringen.
Bürgermeister *(streng)* Du solltest schnell die Stadt verlassen, denn Rache folgt sicher auf dem Fuße.
Till *(lässt seine Schelmenmütze bimmeln und zieht noch ein paar Grimassen)*
80 Ich hatte sowieso vor, mir meinen Lebensunterhalt leichter zu verdienen, da trifft es sich gut, in die Welt zu ziehen. Lebt wohl, aber denkt daran, wer zuletzt lacht, lacht am besten!
(Ab.)

2 Gib den Inhalt des Eulenspiegelstreichs wieder.

3 Um den Text nun in der Klasse spielen zu können, solltet ihr vorher überlegen:
Welche Eigenschaften von Till Eulenspiegel wollt ihr zeigen?
Welche Personen sind am Spiel beteiligt?
Wie sprechen sie und wie bewegen sie sich?

Wie Eulenspiegel die Kranken heilte

1. Bild: Auf einem Marktplatz

Till hängt Plakate auf, auf denen er sich als Wunderdoktor ausgibt.
Till So, die braven Bürger sollen mir mein Einkommen sichern.
Marktfrau Was tut Ihr da, junger Herr?
Till Man nennt mich Doktor Eulenspiegel, und ich bin weit gereist, um Krankheit und Tod zu vertreiben.
Marktfrau Wie könnt Ihr uns helfen? Unser Krankenhaus zum Heiligen Geist ist randvoll mit Alten und Gebrechlichen.
Till *(schelmisch)* Lasst mich nur machen, führt mich zum Verwalter des Spitals!

2. Bild: Im Büro des Krankenhausverwalters

Till und der Verwalter sitzen sich gegenüber. Till trägt Kittel und allerlei medizinische Geräte mit sich herum.
Verwalter Verehrter Herr Doktor. Ich hörte, Ihr seid von weither gereist. Euer guter Ruf eilt Euch voraus.
Till *(lächelt)* Mir schmeichelt dieses Lob.
Verwalter Wir haben so viele Kranke, dass ich mir nicht zu helfen weiß. Das Geld reicht kaum für das Notwendigste.
Till Welch schlimme Krankheit suchte Euer Städtchen heim?
Verwalter Ich weiß es nicht, aber Heilung scheint nicht in Sicht. Wisst Ihr denn keinen Rat?
Till *(überlegt)* Doch gewiss, aber guter Rat ist teuer!
Verwalter Teurer als monatelange Pflege kann es nicht werden. Nennt mir Euren Preis!
Till Für hundert Taler heile ich an nur einem Tag alle Kranken.
Verwalter Dies scheint mir ein guter Preis zu sein. Mit dem Bürgermeister will ich Euren Wunsch besprechen. Wisset jedoch, dass Euer Lohn gering sein wird, sollten nicht alle Kranken geheilt sein.
Till *(zu sich)* Ah – betrügen wollt Ihr mich? *(zum Verwalter)* Na dann, frisch ans Werk, führt mich ins Spital und geht beruhigt ins Rathaus, ich werde mein Handwerk schon verrichten.

3. Bild: Im Rathaus

Verwalter Ich fand einen Wunderdoktor, der erklärte, unsere Stadt von den hohen Kosten des Krankenhauses zu befreien.

Bürgermeister Wie nennt er sich?

Verwalter Doktor Eulen s p i e l … oder E i l e n spiegel …?

Bürgermeister *(verstört)* Bei meiner Stadtkasse – es wird doch wohl nicht der Schelm Eulenspiegel sein?

Verwalter Wir werden ihm seine Streiche schon austreiben. Wenn er nicht alle Kranken heilt, erhält er nur den halben Lohn!

4. Bild: Im Krankenhaus

In den Betten liegen mehrere Kranke.

Till *(tritt in die Tür, ruft in den Saal hinein)* Ich bin Doktor Eulenspiegel-Wunderbar. Ich werde euch alle heilen. Befolgt nur meine Anweisungen. Wer von euch ist dem Tod am nächsten?

Kranker 1 Ich, Herr Doktor, kommt und helft mir schnell.

Till *(geht zu ihm, leise)* Wisse, ich suche den Schwächsten hier im Saal. Bist du es?

Kranker 2 Was haltet Ihr euch so lange mit jenem auf? Helft mir, denn der Tod steht an meinem Bette.

Till *(wendet sich flüsternd an den zweiten Kranken)* Was erfahre ich, du bist noch schwächer?

Kranker 3 He, Ihr versprecht zweien die Heilung, was ist mit mir?

Till *(geht flüsternd von einem zum anderen, dann wendet er sich an alle)* Ich kann euch helfen, aber hört genau zu. Ich werde den Schwächsten von euch zu einem Wunderpulver verbrennen, dessen Heilkraft vielen Menschen Gesundheit bringt. Wer der Schwächste unter euch ist, könnt allein ihr entscheiden.

Kranke Wir? Wie sollen wir das machen?

Till Gleich wird der Verwalter den Krankensaal betreten und die nach Hause schicken, die sich gesund genug fühlen, das Krankenbett auf eigenen Beinen zu verlassen. Wer zu krank ist und sich für die anderen opfern mag, bleibe in seinem Bette liegen. Alle anderen kommen morgen früh, um sich meine Wundermedizin abzuholen.

Verwalter *(kommt mit dem Bürgermeister zur Tür hinein)* Wer sich gesund genug fühlt, ist entlassen!

(Alle Kranken verlassen fluchtartig den Saal, humpelnd und auf allen vieren. Kranker 1 will durch die Tür, da hält ihn der Verwalter auf.)

Verwalter Halt, du brauchst doch sicher unsere Hilfe.

Kranker 1 Nein, nein. Seht, ich hüpfe wie ein junges Reh.

Verwalter Bleib nur liegen, der Doktor wird seine heilenden Hände gleich an dich legen.

Bürgermeister Die Betten sind leer – welch eine Freude.

(zu Till) Ihr seid ein Meister, Ihr habt unsere Stadt gerettet.

Verwalter *(hinterlistig)* Doch ein Kranker wurde nicht geheilt! Euer Lohn fällt deshalb kleiner aus.

Till Ich dachte mir schon, dass Ihr Euer Versprechen nicht haltet. Undank ist der Welten Lohn. *(Ab.)*

5. Bild: Am Bett des Kranken

Verwalter Du sollst nun die Pflege erhalten, die du verdienst.

Kranker 1 Verbrennen wollt Ihr mich? Aus meiner Asche das Wunderpulver für den morgigen Tag herstellen? Verschont mich!

Verwalter Was fehlt dir? Redest du im Fieber?

(Die anderen Kranken kommen wieder hereingehumpelt.)

Kranker 2 Gebt mir schon jetzt das Wunderpulver.

Kranker 3 Mir auch, der Schwächste bin ich nicht.

Verwalter Was denn, geheilt ist keiner von euch? Der Wunderdoktor war ein Betrüger? Um mein Geld brachte er mich! Wehe, wenn er sich hier noch einmal sehen lässt. Und den Namen, den merk ich mir: Till Eulenspiegel!

❶ Erkläre, welche Lehre Till Eulenspiegel seinen Mitmenschen erteilen will.

❷ Beschreibt nun die anderen Personen. Ordnet ihnen Charaktermerkmale zu und überlegt, wie ihr diese auf der Bühne darstellen könnt.

Einen Theaternachmittag gestalten

Nun könnt ihr selbst »Eulenspiegeleien« aufführen. Dazu habt ihr folgende Spielmöglichkeiten:

1 einen der Texte aus diesem Kapitel szenisch lesen oder spielen;
2 einen Text wie den folgenden pantomimisch gestalten.

Eulenspiegel und die Bienendiebe

Nach einem Kirchweihfest torkelte Till Eulenspiegel zu einem leeren Bienenkorb, um seinen Rausch auszuschlafen. Er kroch in den größten, weil für ihn bequemsten.
Zwei Diebe wollten in
5 dieser Nacht einen
möglichst prall gefüllten
Bienenkorb stehlen und
trugen deshalb den
schwersten Korb, den mit
10 Till, auf einem Tragegestell
davon.
Till erwachte und neckte
die Diebe abwechselnd,
indem er sie an den Haaren
15 oder Ohren zog, sodass
diese dachten, der jeweils

andere hätte ihnen einen Streich gespielt.
Sie gerieten sich in die Haare, prügelten sich bald und entfernten sich immer weiter vom Korb. So konnte Till vergnügt nach Hause schleichen.

3 Redewendungen, die von Eulenspiegel allzu ernst genommen werden,
in Theatertexte (kurze Szenen) umwandeln, z. B.:
– jemanden an der Nase herumführen,
– jemandem einen Bären aufbinden,
– jemanden auf den Arm nehmen;
4 einen Erzähltext in einen szenischen Text mit Regieanweisungen verwandeln.

Tipps für eine gelungene Theateraufführung

Um mit einfachen Mitteln zu einer Theatergruppe zu werden, solltet ihr ein paar wichtige Grundregeln beachten:

- Organisiert, wer welche Aufgaben bei der Vorbereitung übernimmt:
    - ✓ Wer schlüpft in welche Rollen?
    - ✓ Welche Requisiten werden benötigt?
    - ✓ Wer gestaltet das Bühnenbild und die Kostüme?
    - ✓ Wer übernimmt die Aufgabe des Regisseurs?
    - ✓ Wer erstellt einen Zeitplan und sorgt für dessen Einhaltung?
    - ✓ Wollt ihr Einladungen oder Werbeplakate gestalten?
    - ✓ Wann und wo finden die Proben und die Aufführung statt?
    - ✓ Benötigt ihr Hilfe von Eltern oder anderen Personen?
    - ✓ Befinden sich im Raum auch genügend Zuschauerplätze?
    - ✓ Wird zusätzliche Technik (Licht, Ton) benötigt?

- Sorgt dafür, dass sich niemand ausgestoßen fühlt. Jeder von euch besitzt besondere Fähigkeiten und Fertigkeiten, die für die Gruppe wichtig sind.
- Überlegt genau, welches Publikum ihr mit eurer Aufführung erreichen wollt. Vor einer Elternversammlung aufzutreten erfordert sicher mehr Organisation als der Auftritt in der eigenen Schulklasse.
- Denkt darüber nach, welche Wirkung ihr erzielen wollt. Soll euer Publikum lachen, nachdenklich werden …?
- Übt genau, wie ihr Mimik, Gestik und Sprache einsetzt.
- Bemüht euch, euer Publikum anzusehen und ihm nie den Rücken zuzukehren.

1 Lies zuerst das Märchen »Des Kaisers neue Kleider« von Hans Christian Andersen. Du findest es in diesem Lesebuch auf S. 121–125.

2 Der russische Schriftsteller Jewgeni Schwarz hat zu dem Märchen das Stück »Der nackte König« geschrieben. Lies die daraus stammende folgende Szene.

Jewgeni Schwarz

Der nackte König

Höflinge Bemerkenswert, ein Wunder, dieser Stoff!
Minister Der Stoff ist prachtvoll und vornehm, Eure Majestät!
Höflinge Das ist der richtige Ausdruck! Genauso sieht er aus. Prachtvoll und vornehm!
5 **König** *(zum Ersten Minister)* Und was sagst du, ehrlicher Alter? Na? *(Der König ist niedergeschlagen, lässt sich aber nichts anmerken. Wenn er mit dem Ersten Minister spricht, schaut er auf den Tisch und auf die Rahmen. Wahrscheinlich hofft er, das wundersame Gewebe doch noch zu erblicken. Auf seinem Gesicht ist das Lächeln erstarrt.)*
10 **Erster Minister** Eure Majestät, diesmal sage ich Euch eine so reine Wahrheit, wie sie die Welt noch nicht gehört hat. [...]
König Nun, nun.
Erster Minister Verzeiht mir, aber diesmal möchte ich wirklich frei von der Leber weg sprechen. Eure Majestät finden nirgends ein Fitzelchen
15 Stoff – das diesem hier gleicht. Er wirkt majestätisch und prunkvoll.
Höflinge Wie wahr gesprochen! Majestätisch und prunkvoll. Sehr treffende Bezeichnung.
König Ja, die Weber verstehen ihr Fach. Wie ich sehe, seid ihr ... seid ihr ziemlich fertig? ...
20 **Christian** Ja, Eure Majestät. Sind Eure Majestät auch mit der Farbe dieser Rosen einverstanden?
König Ja, ja, durchaus. Durchaus.
Christian Wir meinten, rote Rosen wachsen in genügender Menge an den Büschen.
25 **König** Mehr als genug. Ja, sehr schön, sehr schön.
Christian Deshalb haben wir flie... *(hüstelt)* flie... *(hüstelt)*

Höflinge Fliederfarbene hineingewebt, wie geistreich! Wie originell – fliederfarbene Rosen! Prachtvoll und vornehm.
Christian Deshalb haben wir flink silberne Rosen hineingewebt, meine Herrschaften.
(Pause.)
Minister Bravo, bravo! *(Applaudiert, die Höflinge tun es ihm gleich.)*
König Gerade wollte ich euch Dank sagen. Also gerade jetzt im Moment. Silber ist meine Lieblingsfarbe. Ich spreche euch meinen königlichen Dank aus.
Christian Und wie finden Eure Majestät die Fasson des Kamisols[1] – doch nicht etwa zu gewagt?
König Nein, zu gewagt nicht. So. Jetzt genug geredet. Probieren wir an. Ich habe noch sehr viel zu erledigen.
Christian Ich bitte den Herrn Minister für zarte Gefühle, das Kamisol des Königs zu halten.
Minister Ich weiß nicht, ob ich dazu würdig genug bin?
König Du bist es. Ja. Also. *(burschikos)* Gebt ihm schon dieses prächtige Kamisol … Entkleiden Sie mich, Erster Minister. *(Zieht sich aus.)*
Christian Ach!
Minister *(hüpft, schaut unter seine Füße)* Was ist?
Christian Wie halten Sie denn das Kamisol, Herr Minister?
Minister Wie eine Reliquie[2] … Was denn?
Christian Aber Sie halten es seitenverkehrt.
Minister Weil ich so in den Anblick des Musters versunken war.
(Dreht das nicht vorhandene Kamisol in den Händen um.)

1 *französisch* Unterjacke
2 Gegenstand religiöser Verehrung

Christian Wäre der Herr Erste Minister vielleicht so gut und hielte die Hosen des Königs?
Erster Minister Mein Lieber, ich komme soeben aus der Kanzlei, meine Finger sind voller Tinte. *(zu einem der Höflinge)* Nehmen Sie, Baron!
Erster Höfling Ich habe meine Brille vergessen, Euer Hochwohlgeboren, da, der Marquis …
Zweiter Höfling Ich bin zu aufgeregt, mir zittern die Hände. Aber der Graf vielleicht …
Dritter Höfling In unserer Familie gilt es als böses Vorzeichen, wenn man die Hosen des Königs in den Händen hält …
König Was geht da vor? So zieht mich endlich an. Ich habe Eile.
Christian Zu Befehl, Eure Majestät. Heinrich, komm her. Beinchen hoch, Majestät. Das linke! Das rechte! […] So, die Hosen sitzen. Herr Minister für zarte Gefühle, das Kamisol … Der Vorzug dieses Gewebes ist seine Leichtigkeit. Es ist absolut nicht zu spüren. Die Unterwäsche wird morgen früh fertig.
König In den Schultern spannt es. *(Dreht sich vorm Spiegel.)* Der Umhang ist zu lang. Aber ansonsten steht mir der Anzug. […] *(Die Weber entkleiden den König und ziehen ihm seinen Anzug wieder an.)* Danke, Weber. Das habt ihr gut gemacht. *(Geht zur Tür.)*
Höflinge Ihr seid wahre Meister! Bravo! Prachtvoll und vornehm! Majestätisch und attraktiv! *(Sie klopfen den Webern auf die Schultern.)* Euch lassen wir gar nicht wieder weg. Ihr müsst uns alle einkleiden!
König *(bleibt in der Tür stehen)* Bittet, worum ihr wollt. Ich bin zufrieden.
Christian Gestattet uns, Eure Majestät, am Hochzeitszug teilzunehmen, das wird für uns der schönste Lohn sein.
König Ich gestatte es. *(Geht mit den Höflingen davon.)*

3 Ordne diese Szene in das Gesamtgeschehen des Märchens ein. Was ist vorher passiert? Wie geht es weiter?

4 Untersuche, wie aus dem Abschnitt des Märchens eine Szene wurde.

5 Unterteilt das Märchen in weitere Abschnitte. Jede Gruppe wählt einen Abschnitt aus und schreibt sie zu einer Szene um. Erfindet dazu Dialoge. Denkt auch an die Regieanweisungen.

Kapitel 6
Es war einmal – und ist noch heut' … Märchen und Sagen

Jakob und Wilhelm Grimm bei der Märchenerzählerin Dorothea Viehmann in Niederzwehren

1 Beschreibe die Situation, die auf dem Bild dargestellt wird.

2 In den Zeiten, als es weder Kino noch Fernsehen gab, erzählten sich die Menschen Geschichten. So wurden Märchen und Sagen über Jahrhunderte mündlich überliefert. Tragt zusammen, wo in der heutigen Zeit erzählt wird.

Brüder Grimm

Rumpelstilzchen

Es war einmal ein Müller, der war arm, aber er hatte eine schöne Tochter. Und es traf sich, dass er mit dem König zu sprechen kam und ihm sagte: »Ich habe eine Tochter, die weiß die Kunst, Stroh in Gold zu verwandeln.« Da ließ der König die Müllerstochter alsogleich[1] kommen und befahl ihr, eine ganze Kammer voll Stroh in einer Nacht in Gold zu verwandeln, und könne sie es nicht, so müsse sie sterben. Sie wurde in die Kammer eingesperrt, saß da und weinte, denn sie wusste um ihr Leben keinen Rat, wie das Stroh zu Gold werden sollte. Da trat auf einmal ein klein Männlein zu ihr, das sprach: »Was gibst du mir, dass ich alles zu Gold mache?« Sie tat ihr Halsband ab und gab's dem Männlein, und es tat, wie es versprochen hatte. Am andern Morgen fand der König die ganze Kammer voll Gold; aber sein Herz wurde dadurch nur noch begieriger, und er ließ die Müllerstochter in eine andere, noch größere Kammer voll Stroh tun, das sollte sie auch zu Gold machen. Und das Männlein kam wieder, sie gab ihm ihren Ring von der Hand, und alles wurde wieder zu Gold. Der König aber hieß sie die dritte Nacht wieder in eine dritte Kammer sperren, die war noch größer als die beiden ersten und ganz voll Stroh. »Und wenn dir das auch gelingt, sollst du meine Gemahlin werden.« Da kam das Männlein und sagte: »Ich will es noch einmal tun, aber du musst mir das erste Kind versprechen, das du mit dem König bekommst.« Sie versprach es in der Not, und wie nun der König auch dieses Stroh in Gold verwandelt sah, nahm er die schöne Müllerstochter zu seiner Gemahlin.

Bald darauf kam die Königin ins Wochenbett, da trat das Männlein vor die Königin und forderte das versprochene Kind. Die Königin aber bat, was sie konnte, und bot dem Männchen alle Reichtümer an, wenn es ihr ihr Kind lassen wollte, allein alles war vergebens. Endlich sagte es: »In drei Tagen komm ich wieder und hole das Kind, wenn du aber dann meinen Namen weißt, so sollst du das Kind behalten!«

Da sann die Königin den ersten und zweiten Tag, was doch das Männchen für einen Namen hätte, konnte sich aber nicht besinnen und ward

---

1 *veraltet für* sogleich

ganz betrübt. Am dritten Tag aber kam der König von der Jagd heim und erzählte ihr: »Ich bin vorgestern auf der Jagd gewesen, und als ich tief in den dunklen Wald kam, war da ein kleines Haus und vor dem Haus war ein gar zu lächerliches Männchen, das sprang auf einem Bein davor herum und schrie:

»Heute back ich, morgen brau ich,
übermorgen hol ich der Frau Königin ihr Kind,
ach wie gut ist,
dass niemand weiß,
dass ich Rumpelstilzchen heiß!«

Wie die Königin das hörte, ward sie ganz froh, und als das gefährliche Männlein kam, frug² es: »Frau Königin, wie heiß ich?« – »Heißest du Conrad?« – »Nein.« – »Heißest du Heinrich?« – »Nein.«

»Heißt du etwa Rumpelstilzchen?«

»Das hat dir der Teufel gesagt!«, schrie das Männchen, lief zornig fort und kam nimmermehr wieder.

2 *veraltet für* fragte

1 Erzähle das Märchen mit eigenen Worten nach.

2 Suche aus diesem Märchen die typischen Merkmale der Volksmärchen heraus. Lege dazu in deinem Heft eine Tabelle an. Suche zu jedem der folgenden Merkmale einen Beleg im Text: formelhafter Beginn und Schluss, Gegensatzpaare, wie jung – alt, faul – fleißig, magische Zahlen, Fantasiewesen, wiederkehrende Sprüche, Verwandlungen und Zauberei sowie Sieg des Guten über das Böse.

Brüder Grimm

Frau Holle

Eine Witwe hatte zwei Töchter, davon war die eine schön und fleißig, die andere hässlich und faul. Sie hatte aber die hässliche und faule, weil sie ihre rechte Tochter war, viel lieber, und die andere musste alle Arbeit tun und der Aschenputtel im Hause sein. Das arme Mädchen
5 musste sich täglich auf die große Straße bei einem Brunnen setzen und musste so viel spinnen, dass ihm das Blut aus den Fingern sprang. Nun trug es sich zu, dass die Spule einmal ganz blutig war, da bückte es sich damit in den Brunnen und wollte sie abwaschen: Sie sprang ihm aber aus der Hand und fiel hinab. Es weinte, lief zur Stiefmutter und
10 erzählte ihr das Unglück. Sie schalt es aber so heftig und war so unbarmherzig, dass sie sprach: »Hast du die Spule hinunterfallen lassen, so hol sie auch wieder herauf.« Da ging das Mädchen zu dem Brunnen zurück und wusste nicht, was es anfangen sollte: Und in seiner Herzensangst sprang es in den Brunnen hinein, um die Spule zu holen. Es verlor die
15 Besinnung und als es erwachte und wieder zu sich selber kam, war es auf einer schönen Wiese, wo die Sonne schien und viel tausend Blumen standen. Auf dieser Wiese ging es fort und kam zu einem Backofen, der war voller Brot; das Brot aber rief: »Ach, zieh mich raus, zieh mich raus, sonst verbrenn ich, ich bin schon längst ausgebacken.«
20 Da trat es herzu und holte mit dem Brotschieber alles nacheinander heraus. Danach ging es weiter und kam zu einem Baum, der hing voll Äpfel und rief ihm zu: »Ach, schüttel mich, schüttel mich, wir Äpfel sind alle miteinander reif.«

Da schüttelte es den Baum, dass die Äpfel fielen, als regneten sie, und
25 schüttelte, bis keiner mehr oben war; und als es alle in einen Haufen zusammengelegt hatte, ging es wieder weiter. Endlich kam es zu einem kleinen Haus, daraus guckte eine alte Frau, weil sie aber so große Zähne hatte, ward ihm angst und es wollte fortlaufen.

Die alte Frau aber rief ihm nach: »Was fürchtest du dich, liebes Kind?
30 Bleib bei mir, wenn du alle Arbeit im Hause ordentlich tun willst, so soll dir's gutgehn. Du musst nur Acht geben, dass du mein Bett gut machst und es fleißig aufschüttelst, dass die Federn fliegen, dann schneit es in der Welt; ich bin die Frau Holle.«

Weil die Alte ihm so gut zusprach,
35 so fasste sich das Mädchen ein Herz, willigte ein und begab sich in ihren Dienst. Es besorgte auch alles nach ihrer Zufriedenheit und schüttelte ihr das Bett immer gewaltig auf, dass die
40 Federn wie Schneeflocken umherflogen; dafür hatte es auch ein gut Leben bei ihr, kein böses Wort, und alle Tage Gesottenes und Gebratenes. Nun war es eine Zeitlang bei der Frau
45 Holle, da ward es traurig und wusste anfangs selbst nicht, was ihm fehlte. Endlich merkte es, dass es Heimweh war; ob es ihm hier gleich vieltausendmal besser ging als zu Hause, so hatte es doch ein Verlangen dahin.
50 Endlich sagte es zu ihr: »Ich habe den Jammer nach Haus gekriegt, und wenn es mir auch noch so gut hier unten geht, so kann ich doch nicht länger bleiben, ich muss wieder hinauf zu den Meinigen.«

Die Frau Holle sagte: »Es gefällt mir, dass du wieder nach Hause verlangst, und weil du mir so treu gedient hast, so will ich dich selbst
55 wieder hinaufbringen.« Sie nahm es darauf bei der Hand und führte es vor ein großes Tor. Das Tor ward aufgetan, und als das Mädchen gerade darunterstand, fiel ein gewaltiger Goldregen, und alles Gold blieb an ihm hängen, sodass es über und über davon bedeckt war.

»Das sollst du haben, weil du so fleißig gewesen bist«, sprach die Frau
60 Holle und gab ihm auch die Spule wieder, die ihm in den Brunnen gefallen war. Darauf ward das Tor verschlossen und das Mädchen befand sich oben auf der Welt, nicht weit von seiner Mutter Haus, und als es in den Hof kam, saß der Hahn auf dem Brunnen und rief:

»Kikeriki, unsere goldene Jungfrau ist wieder hie.«

65 Da ging es hinein zu seiner Mutter, und weil es so mit Gold bedeckt ankam, ward es von ihr und der Schwester gut aufgenommen. Das Mädchen erzählte alles, was ihm begegnet war, und als die Mutter hörte, wie es zu dem großen Reichtum gekommen war, wollte sie der andern hässlichen und faulen Tochter gerne dasselbe Glück verschaffen. Sie musste

70 sich an den Brunnen setzen und spinnen; und damit ihre Spule blutig ward, stach sie sich in die Finger und stieß sich die Hand in die Dornhecke. Dann warf sie die Spule in den Brunnen und sprang selber hinein. Sie kam, wie die andere, auf die schöne Wiese und ging auf demselben Pfade weiter. Als sie zu dem Backofen gelangte, schrie das Brot wieder:
75 »Ach, zieh mich raus, zieh mich raus, sonst verbrenn ich, ich bin schon längst ausgebacken.« Die Faule aber antwortete: »Da hätt ich Lust, mich schmutzig zu machen«, und ging fort. Bald kam sie zu dem Apfelbaum, der rief: »Ach, schüttel mich, schüttel mich, wir Äpfel sind alle miteinander reif.« Sie antwortete aber: »Du kommst mir recht, es könnte mir
80 einer auf den Kopf fallen«, und ging damit weiter. Als sie vor der Frau Holle Haus kam, fürchtete sie sich nicht, weil sie von ihren großen Zähnen schon gehört hatte, und verdingte sich gleich zu ihr. Am ersten Tag tat sie sich Gewalt an, war fleißig und folgte der Frau Holle, wenn sie ihr etwas sagte, denn sie dachte an das viele Gold, das sie ihr schenken
85 würde; am zweiten Tag aber fing sie schon an zu faulenzen, am dritten noch mehr, da wollte sie morgens gar nicht aufstehen. Sie machte auch der Frau Holle das Bett nicht, wie sich's gebührte, und schüttelte es nicht, dass die Federn aufflogen. Das ward die Frau Holle bald müde und sagte ihr den Dienst auf. Die Faule war das wohl zufrieden und meinte, nun
90 würde der Goldregen kommen; die Frau Holle führte sie auch zu dem Tor, als sie aber darunterstand, ward statt des Goldes ein großer Kessel voll Pech ausgeschüttet. »Das ist zur Belohnung deiner Dienste«, sagte die Frau Holle und schloss das Tor zu. Da kam die Faule heim, aber sie war ganz mit Pech bedeckt und der Hahn auf dem Brunnen, als er sie sah, rief:
95 »Kikeriki, unsere schmutzige Jungfrau ist wieder hie.«
Das Pech aber blieb fest an ihr hängen und wollte, solange sie lebte, nicht abgehen.

1 Teilt die Handlung in Sinnabschnitte ein und gebt jedem Abschnitt eine Zwischenüberschrift. Notiert dazu die entsprechenden Zeilenangaben.

2 Notiere zu jedem Abschnitt Stichpunkte zum Inhalt und erzähle mit ihrer Hilfe das Märchen nach.

Mit Märchen spielen

Du hast zu Hause und in der Schule viele Märchen kennen gelernt.
Dann kannst du jetzt auch spielerisch mit Märchen und ihren Figuren umgehen.

Märchenrätsel

Hier sind bekannte Märchen in Zeitungsschlagzeilen versteckt.

1 Um welche Märchen handelt es sich? Die Lösungen stehen im Anhang.

> **Tierischer Mörder im Haus der Großmutter**
>
> *Militärangehöriger steigt mittels Brennwerkzeug in den Adelsstand auf*
>
> Mister Namenlos wird als Erpresser gestellt
>
> Produkt des Schuhmacherhandwerks hilft, die richtige Braut zu finden
>
> UNBEQUEMER SCHLAF EINER KÖNIGLICHEN TOCHTER
>
> *Orientalischer Meilenläufer*
>
> LEICHTE HANDVERLETZUNG FÜHRT ZUM MASSENEINSCHLAFEN
>
> Kräftiger Haarwuchs verhilft zu Liebesglück

2 Du kannst selbst solche Schlagzeilen entwerfen.
Suche ein Märchen und überlege, wie man den Inhalt kurz umschreiben kann.

Pantomime

Märchenfiguren haben immer besondere typische Eigenschaften.
Sie können faul oder fleißig, hilfsbereit oder herzlos, gut oder böse sein.

3 Denke dir eine Figur aus und stelle sie pantomimisch vor.

Ein altes Märchen neu erzählt

Lies dir das Originalmärchen aufmerksam durch, damit du dich am Text orientieren kannst. Überlege dann, wo das moderne Märchen spielen soll. Wer handelt und welche Eigenschaften haben die Figuren? Welche Wünsche sollen dargestellt werden?

1 Lies das moderne Märchen und trage die Unterschiede zum Volksmärchen »Rotkäppchen« zusammen.

Geoffroy de Pennart

Rothütchen

Es war einmal ein kleines Mädchen, das lebte mit seinen Eltern am Rande des Waldes. Da es immer einen runden roten Hut trug, den ihm seine Großmutter geschenkt hatte, wurde es von allen Rothütchen genannt.

5 Eines Tages sagte seine Mutter: »Ich habe gebacken. Magst du Großmutter die beiden Kuchen und das Glas mit Marmelade bringen? Bestimmt freut sie sich über deinen Besuch.«

Rothütchen war ganz außer sich vor Freude, denn es liebte seine Großmutter sehr.

10 »Mir wäre es lieber, du würdest den Weg über die Felder nehmen«, mahnte die Mutter. »Durch den Wald ist es zwar kürzer, aber …«

»Ja, ja, ich weiß, da ist der Wolf. Keine Sorge, Mama, ich kenn die Geschichte.«

Auf seinem Weg begegnete Rothütchen einem großen grauen Hund,
15 der an einem Heuhaufen lehnte und schlief. Rothütchen konnte nicht widerstehen; es zog seine Taschentrompete hervor und blies kräftig hinein.

In panischer Angst schreckte das Tier auf. »Wa … Was wa … Was war das!?!«

»Oh, hab ich das Hundchen etwa erschreckt? Hihi! Also gut, das mit der Trompete war nicht nett, aber es musste einfach sein. Da, ich schenk dir einen Kuchen, damit du mir verzeihst.«

»Ich ... ich bin ... ich bin kein Hund, ich ... ich ... ich bin der Wolf und ich ... ich ... ich ...«

»Ach, erzähl mir nichts! Du bist doch nicht der Wolf, denn der lebt im Wald und ist böse. Hast du dich eigentlich schon mal im Spiegel gesehen, du mit deinem Hundeblick?«

»Doch, doch, ich ... ich ... ich bin der Wolf ...«

»Ganz bestimmt, im Traum vielleicht. Schluss jetzt, Großmutter wartet auf mich, ich muss los. Siehst du den Rauch dahinten? Dort wohnt sie, aber wegen dem Wolf muss ich um den ganzen Wald herum. Wiedersehen, Hundchen!«

Nach und nach kam der Wolf – denn er war es tatsächlich – zur Besinnung.

»So eine kleine Hexe! Oh, mein Herz! Die wird noch was erleben! Ich werd's ihr zeigen, von wegen liebes Hundchen ... Ich schnapp sie mir und fress sie – mitsamt dem Kuchen!«

Der Wolf rannte los in Richtung Großmutterhaus. Er rannte geradewegs durch den Wald, guckte weder nach rechts noch nach links, und schon sah er das Haus daliegen.

»Nur noch über den Weg und ...«

Bing! ... da schleuderte ihn ein Auto in den Graben.

Im Wagen saß just die Großmutter, die vom Einkaufen zurückkam.

»Oh, oh, oh! Wie schrecklich! Der arme Hund! Er kam so schnell gerannt, ich konnte nicht mehr ausweichen! Gerechter Himmel! Er lebt noch. Schnell ins Bett mit ihm, dann sause ich los und hole den Arzt ...«

Derweil erreicht Rothütchen Großmutters Haus.

»Großmutter, ich bin's, dein Augenstern, ich bring dir zwei, ähhh, einen Kuchen ... Oh! Du liegst im Bett. Bist du krank? Wie schrecklich du aussiehst. O nein! Das ist ja der dicke Hund, der behauptet, er sei der Wolf. Was für ein gemeiner Kerl! Was für ein Schuft! Er hat Großmutter gefressen! Und ich habe ihm auch noch einen Kuchen geschenkt!«

Während Rothütchen jammerte, öffnete der Wolf völlig verdutzt die Augen.

»Ww ... wo bin ich?«

Rothütchen nahm einen Leuchter und schlug zu. »Das ist für dich! Großmutter, hörst du mich? Großmutter! Ich hol dich da raus!«

Und es ging in die Küche, um ein Messer zu holen.

»Oh, wie schrecklich! Er ist gestorben!«, rief Großmutter, als sie mit dem Arzt ins Haus trat. »Ich begreife das nicht! Als ich los bin, um Sie zu holen, hat er doch noch geatmet ...«

»Oh, Großmutter, du lebst ja! Ich dachte, der Hund hätte dich gefressen; da wollte ich dich retten, und jetzt ist er tot! Das ist meine Schuld!«

»Sachte, sachte«, unterbrach da der Arzt. »Das Tier ist nicht tot – und übrigens ist es kein Hund, sondern ein ausgewachsener Wolf. Ich werde ihn behandeln, aber dazu brauche ich Ruhe.«

Dem Arzt gelang es, den Wolf zu retten, und dieser blieb bei der Großmutter, bis er wieder ganz gesund war.

Danach jedoch musste er sich in sein Schicksal fügen: Sein Ruf als böser Wolf war dahin. So kehrte er nicht mehr in den Wald zurück und verbrachte seinen Lebensabend in Gesellschaft der alten Dame.

Rothütchen aber war von alldem so beeindruckt, dass es später eine weltberühmte Ärztin wurde.

2 Schreibe eine eigene Fassung des Märchens »Rotkäppchen«.

3 Lies das Gedicht von Franz Fühmann auf S. 117.
Erkläre danach seinen Titel.

4 Fallen euch andere märchenhafte Situationen ein, in denen durch Ungehorsam Gutes geschieht? Schreibt ein Gedicht dazu.

Franz Fühmann

Lob des Ungehorsams

Sie waren sieben Geißlein
und durften überall reinschaun,
nur nicht in den Uhrenkasten,
das könnte die Uhr verderben,
hatte die Mutter gesagt.

Es waren sechs artige Geißlein,
die wollten überall reinschaun,
nur nicht in den Uhrenkasten,
das könnte die Uhr verderben,
hatte die Mutter gesagt.

Es war ein unfolgsames Geißlein,
das wollte überall reinschaun,
auch in den Uhrenkasten,
da hat es die Uhr verdorben,
wie es die Mutter gesagt.

Dann kam der böse Wolf.

Es waren sechs artige Geißlein,
die versteckten sich, als der Wolf kam,
unterm Tisch, unterm Bett, unterm Sessel,
und keines im Uhrenkasten,
sie alle fraß der Wolf.

Es war ein unartiges Geißlein,
das sprang in den Uhrenkasten,
es wusste, dass er hohl war,
dort hat's der Wolf nicht gefunden,
so ist es am Leben geblieben.

Da war Mutter Geiß aber froh.

Märchen aus Vietnam

Die Fliege

Es war einmal ein reicher Mann, der den armen Leuten der Gegend Geld lieh und viel zu viel Zinsen verlangte. Ein armer Bauer war schwer verschuldet. Deshalb wollte der reiche Mann nachsehen, ob es bei ihm etwas zu pfänden gab. Als er zur Hütte des Bauern kam, traf er dessen Sohn an, der im Hof spielte. »Sind deine Eltern da?«, fragte er. »Nein«, antwortete der Junge. »Mein Vater ist gegangen, um lebende Bäume zu fällen und tote zu pflanzen. Meine Mutter ist auf dem Markt; sie verkauft den Wind und kauft den Mond.« Gleichgültig, ob der reiche Mann dem Jungen schmeichelte oder drohte, er gab immer die gleiche Antwort. Da sagte der reiche Mann: »Wenn du mir erklärst, was du damit meinst, erlasse ich euch eure Schulden. Der Himmel und die Erde sind meine Zeugen.«

»Himmel und Erde können nicht sprechen«, entgegnete der Junge. »Etwas Lebendes sollte unser Zeuge sein.« Der reiche Mann zeigte auf eine Fliege, die auf dem Türrahmen saß. »Diese Fliege ist unser Zeuge«, sagte er. Der Junge erklärte ihm: »Mein Vater ist gegangen, um Bambus zu schneiden und einen Zaun daraus zu machen, und meine Mutter verkauft am Markt Fächer, um Lampenöl für uns zu kaufen.«

Der reiche Mann lachte. »Du bist ein kluger Kerl«, sagte er. Ein paar Tage später aber kam der reiche Mann wieder und verlangte sein Geld.

Der Junge sagte: »Vater, du brauchst nicht mehr zu bezahlen.«

Doch der reiche Mann leugnete, jemals solch ein Versprechen gegeben zu haben. So kam der Fall vor den Richter. Der reiche Mann behauptete, er hätte den Jungen noch nie gesehen, geschweige ihm ein Versprechen gegeben. Der Junge widersprach.

»Hier steht Aussage gegen Aussage«, sagte der Richter. »Ich kann kein Urteil sprechen, ohne einen Zeugen gehört zu haben.«

»Es gab einen Zeugen«, sagte der Junge. »Eine Fliege hat alles gehört.« Zornig fragte der Richter, ob er sich über ihn lustig mache.

»Nein«, sagte der Junge. »Da war eine Fliege. Sie war schwarz und fett und saß auf der Nase dieses Herrn.«

»Du kleiner Lügner!«, rief der reiche Mann. »Sie saß nicht auf meiner Nase, sondern auf dem Türrahmen!«

»Nase oder Türrahmen macht keinen Unterschied«, sagte der Richter. »Du hast das Versprechen gegeben. Also ist die Schuld bezahlt.«

❶ Stelle die Eigenschaften des armen Jungen und des reichen Mannes in einer Tabelle gegenüber.

❷ Erkläre, wie es dem Jungen gelingt, den Reichen zu überführen.

❸ Dieses Märchen eignet sich zum Nachspielen.
Nutzt dazu die Hinweise aus dem 5. Kapitel eures Lesebuchs.

Märchen aus Namibia

Der Wettlauf vom Strauß und der Schildkröte

Der Strauß traf im Felde die Schildkröte und sah, wie langsam sie sich fortbewegte. »Du läufst aber langsam!«, sagte er, »kannst du denn gar nicht schneller?«

»O ja«, antwortete die Schildkröte, »ich kann noch schneller laufen als du!«

»Schneller als ich?« Das wollte der Strauß nicht glauben.

»Wollen wir wetten?«, fragte die Schildkröte.

»Ja«, sagte der Strauß, »da wette ich all mein Geld!«

»Gut, abgemacht! [...] Nächsten Montag, früh um acht Uhr!«

Die Schildkröte lief nun zu allen anderen Schildkröten in der Gegend [...]. Alle hundert Schritt musste sich eine am Straßenrand verstecken. Die aber, die mit dem Strauß gewettet hatte, traf sich mit ihm da, wo die Wettlaufstrecke anfing. Der Strauß zog seine Jacke zurecht, und los rannten sie beide. Die Schildkröte blieb jedoch gleich am Straßenanfang stehen, der Strauß aber sauste weiter. Als er gelaufen und gelaufen war, schaute er sich um. Die Schildkröte war nicht mehr zu sehen. »Schildkröte?«, rief er.

»Hier!«, antwortete da die Schildkröte, die an dieser Stelle am Wege versteckt war. Der Strauß hörte mit Schrecken die Stimme von vorn und strengte sich noch mehr an. Nach einer Weile rief er wieder: »Schildkröte?«, und die, die ihm am nächsten am Wege versteckt war, antwortete: »Hier!«

Der Strauß lief und lief, aber so oft er fragte, antwortete ihm die Schildkröte von vorn. Schließlich brach er erschöpft zusammen. Von dem vielen schnellen Laufen hatte er seine Hose zerschlissen, dass er noch heute ganz kahle Beine hat. Die Schildkröte aber bekam das Geld, weil sie die Wette gewonnen hatte.

1 Vergleiche das Märchen mit »Hase und Igel« von den Brüdern Grimm.

2 Überlege, warum hier zwei andere Tiere im Mittelpunkt stehen.

Das folgende Märchen wurde nicht mündlich überliefert, sondern von dem dänischen Dichter Hans Christian Andersen geschrieben. Es zählt daher zu den Kunstmärchen.

Hans Christian Andersen

Des Kaisers neue Kleider

Vor vielen Jahren lebte ein Kaiser, der so ungeheuer viel auf hübsche, neue Kleider hielt, dass er all sein Geld dafür ausgab, um recht geputzt zu sein. Er kümmerte sich nicht um seine Soldaten, kümmerte sich nicht um das Theater und liebte es nicht, in den Wald zu fahren,
5 außer um seine neuen Kleider zu zeigen. Er hatte einen Rock für jede Stunde des Tages, und wie man sonst von einem König sagt, er ist im Rate, sagte man hier immer: »Der Kaiser ist in der Kleiderkammer!«

In der großen Stadt, in der er wohnte, ging es sehr munter zu. Jeden Tag kamen viele Fremde, eines Tages kamen auch zwei Betrüger. Sie gaben
10 sich für Weber aus und sagten, dass sie das schönste Zeug, das man sich denken könne, zu weben verständen. Nicht allein Farben und Muster wären ungewöhnlich schön, sondern die Kleider, die von dem Zeuge genäht würden, besäßen auch die wunderbare Eigenschaft, dass sie für jeden Menschen unsichtbar wären, der nicht für sein Amt tauge oder
15 unverzeihlich dumm sei.

›Das wären ja prächtige Kleider‹, dachte der Kaiser. ›Wenn ich die anhätte, könnte ich ja dahinterkommen, welche Männer in meinem Reiche zu dem Amte, das sie haben, nicht taugen; ich könnte die Klugen von den Dummen unterscheiden! Ja, das Zeug muss sogleich für mich
20 gewebt werden!‹ Und er gab den beiden Betrügern viel Handgeld, damit sie ihre Arbeit beginnen möchten.

Sie stellten auch zwei Webstühle auf und taten, als ob sie arbeiteten; aber sie hatten nicht das Geringste auf dem Stuhle. Frischweg verlangten sie die feinste Seide und das prächtigste Gold, das steckten sie in ihre
25 eigene Tasche und arbeiteten an den leeren Stühlen bis spät in die Nacht hinein.

›Nun möchte ich doch wohl wissen, wie weit sie mit dem Zeuge sind!‹, dachte der Kaiser. Aber es war ihm ordentlich beklommen zumute bei dem Gedanken, dass derjenige, der dumm war oder schlecht zu seinem Amte passte, es nicht sehen könnte. Nun glaubte er zwar, dass er für sich selbst nichts zu fürchten brauche, aber er wollte doch erst einen andern schicken, um zu sehen, wie es damit stände. [...]

›Ich will meinen alten ehrlichen Minister zu den Webern senden!‹, dachte der Kaiser. ›Er kann am besten sehen, wie das Zeug sich ausnimmt, denn er hat Verstand und keiner versieht sein Amt besser als er!‹

Nun ging der alte gute Minister in den Saal hinein, wo die zwei Betrüger saßen und an den leeren Webstühlen arbeiteten. ›Gott behüte uns!‹, dachte der alte Minister und riss die Augen auf, ›ich kann ja nichts erblicken!‹ Aber das sagte er nicht.

Beide Betrüger baten ihn, gefälligst näher zu treten, und fragten, ob es nicht ein hübsches Muster und schöne Farben seien. Dabei zeigten sie auf den leeren Webstuhl, und der arme alte Minister fuhr fort, die Augen aufzureißen; aber er konnte nichts sehen, denn es war nichts da. ›Herrgott!‹, dachte er, ›sollte ich dumm sein? Das habe ich nie geglaubt, und das darf kein Mensch wissen! Sollte ich nicht zu meinem Amte taugen? Nein, es geht nicht an, dass ich erzähle, ich könne das Zeug nicht sehen!‹

»Nun, Sie sagen nichts dazu?«, fragte der eine, der da webte.

»Oh, es ist hübsch! Ganz allerliebst!«, antwortete der alte Minister und sah durch seine Brille. »Dieses Muster und diese Farben! Ja, ich werde dem Kaiser sagen, dass es mir sehr gefällt.«

»Nun, das freut uns!«, sagten die beiden Weber, und darauf nannten sie die Farben mit Namen und erklärten das seltsame Muster. Der alte Minister passte gut auf, damit er dasselbe sagen könnte, wenn er zum Kaiser zurückkäme, und das tat er.

Nun verlangten die Betrüger mehr Geld, mehr Seide und mehr Gold, das sie zum Weben brauchen wollten. Sie steckten alles in ihre eigenen Taschen, auf den Webstuhl kam kein Faden, aber sie fuhren fort, wie bisher an dem leeren Webstuhle zu arbeiten.

Der Kaiser sandte bald wieder einen anderen ehrlichen Staatsmann hin, um zu sehen, wie es mit dem Weben stände und ob das Zeug bald fertig sei. Es ging ihm ebenso wie dem Minister; er schaute und schaute, weil aber außer dem leeren Webstuhle nichts da war, konnte er nichts erblicken.

»Ist das nicht ein hübsches Zeug?«, fragten die beiden Betrüger und zeigten und erklärten das prächtige Muster, das gar nicht da war.

›Dumm bin ich nicht!‹, dachte der Mann. ›Ist es also mein gutes Amt, zu dem ich nicht tauge? Das wäre lächerlich, aber man darf es sich nicht merken lassen!‹, und so lobte er das Zeug, das er nicht sah, und versicherte ihnen seine Freude über die schönen Farben und die herrlichen Muster. »Ja, es ist ganz allerliebst!«, sagte er zum Kaiser.

1 Erzähle die Handlung mit eigenen Worten nach.

2 Stelle Vermutungen an, wie es weitergehen könnte.

Alle Menschen in der Stadt sprachen von dem prächtigen Zeuge.

Nun wollte der Kaiser es selbst sehen, während es noch auf dem Webstuhle war. Mit einer ganzen Schar auserwählter Männer, unter ihnen auch die beiden ehrlichen Staatsmänner, die schon früher dort gewesen waren, ging er zu den beiden listigen Betrügern hin, die nun aus Leibeskräften webten, aber ohne Faser oder Faden.

»Ist das nicht prächtig?«, sagten die beiden alten Staatsmänner, die schon einmal da gewesen waren. »Sehen Eure Majestät, welches Muster, welche Farben!« Und dann zeigten sie auf den leeren Webstuhl, denn sie glaubten, dass die andern das Zeug gewiss sehen könnten.

›Was‹, dachte der Kaiser, ›ich sehe gar nichts! Das ist ja schrecklich! Bin ich dumm? Tauge ich nicht dazu, Kaiser zu sein? Das wäre das Schrecklichste, was mir begegnen könnte!‹ – »Oh, es ist sehr hübsch!«, sagte er. »Es hat meinen allerhöchsten Beifall!« Und er nickte zufrieden und betrachtete den leeren Webstuhl, denn er wollte nicht sagen, dass er nichts sehen könne.

Das ganze Gefolge, das er bei sich hatte, schaute und schaute und bekam nicht mehr heraus als alle andern; aber sie sagten wie der Kaiser: »Oh, es ist sehr hübsch!«, und sie rieten ihm, diese neuen prächtigen Kleider das erste Mal bei der großen Prozession, die bevorstand, zu tragen.

»Herrlich, wundervoll, exzellent«, ging es von Mund zu Mund; man war allseits innig erfreut darüber, und der Kaiser verlieh den Betrügern einen Ritterorden, im Knopfloch zu tragen, und den Titel: Kaiserliche Hofweber ...

Die ganze Nacht vor dem Morgen, an dem die Prozession stattfinden sollte, saßen die Betrüger auf und hatten über sechzehn Lichter angezündet. Die Leute konnten sehen, dass sie stark beschäftigt waren, des Kaisers neue Kleider fertig zu machen. Sie taten, als ob sie das Zeug aus dem Webstuhl nähmen, sie schnitten mit großen Scheren in die Luft, sie nähten mit Nähnadeln ohne Faden und sagten zuletzt: »Nun sind die Kleider fertig!«

Der Kaiser kam mit seinen vornehmsten Kavalieren selbst dahin, und beide Betrüger hoben einen Arm in die Höhe, gerade als ob sie etwas hielten, und sagten: »Seht, hier sind die Beinkleider! Hier ist ein Rock! Hier der Mantel!«, und so weiter. »Es ist so leicht wie Spinnwebe, man sollte glauben, man habe nichts auf dem Leibe; aber das ist gerade der Vorzug dabei!«

»Ja!«, sagten alle Kavaliere; aber sie konnten nichts sehen, denn es war nichts da.

»Belieben Eure kaiserliche Majestät jetzt, Ihre Kleider allergnädigst auszuziehen«, sagten die Betrüger, »so wollen wir Ihnen die neuen anziehen, hier vor dem großen Spiegel!«

Der Kaiser legte alle seine Kleider ab, und die Betrüger taten so, als ob sie ihm jedes Stück der neuen Kleider anzögen. Sie fassten ihn um den Leib und taten, als bänden sie etwas fest, das war die Schleppe; der Kaiser drehte und wendete sich vor dem Spiegel.

»Ei, wie gut das kleidet! Wie herrlich das sitzt!«, sagten alle. »Welches Muster, welche Farben! Das ist eine kostbare Tracht!«

»Draußen stehen sie mit dem Thronhimmel, der über Eurer Majestät in der Prozession getragen werden soll«, meldete der Oberzeremonienmeister.

»Ja, ich bin fertig!«, sagte der Kaiser. »Sitzt es nicht gut?« Und dann wendete er sich nochmals vor dem Spiegel, denn es sollte scheinen, als ob er seinen Schmuck recht betrachtete.

Die Kammerherren, die die Schleppe tragen sollten, griffen mit den Händen nach dem Fußboden, gerade als ob sie die Schleppe aufhöben.

Gingen und taten, als ob sie etwas in der Luft hielten; sie wagten nicht, es sich merken zu lassen, dass sie nichts sehen konnten.

So ging der Kaiser in der Prozession unter dem prächtigen Thronhimmel, und alle Menschen auf der Straße und in den Fenstern riefen: »Gott, wie sind des Kaisers neue Kleider unvergleichlich; welch herrliche Schleppe hat er am Rocke, wie schön das sitzt!« Keiner wollte es sich merken lassen, dass er nichts sah, denn dann hätte er ja nicht zu seinem Amte getaugt oder wäre sehr dumm gewesen. Keine Kleider des Kaisers hatten solches Glück gemacht wie diese.

»Aber er hat ja nichts an!«, sagte endlich ein kleines Kind. »Herrgott, hört die Stimme der Unschuld!«, sagte der Vater, und der eine flüsterte dem anderen zu, was das Kind gesagt hatte.

»Er hat nichts an, dort ist ein kleines Kind, das sagt, er hat nichts an!«

»Aber er hat ja nichts an!«, rief zuletzt das ganze Volk.

Das ergriff den Kaiser, denn es schien ihm, sie hätten Recht, aber er dachte bei sich: ›Nun muss ich die Prozession aushalten.‹ Und so hielt er sich noch stolzer, und die Kammerherren gingen und trugen die Schleppe, die gar nicht da war.

3 Begründe, warum es gerade ein Kind ist, das die Wahrheit ausspricht.

4 Lies auf S. 103–105 dieses Lesebuchs, wie der russische Schriftsteller Jewgeni Schwarz dieses Märchen zu einem Stück umgeschrieben hat.

1 Lies die folgenden drei Ortssagen. Bestimme, aus welchen Bundesländern sie stammen.

2 Wähle eine Sage aus und suche die Sagenmerkmale (S. 130) heraus. Lege dazu eine Tabelle an und trage deine Textbelege ein.

Der Name von Köpenick und der große Krebs von Stralau

Die Gelehrten behaupten, der Name *Köpenick* rühre noch aus der alten Wendenzeit her und bedeute so viel wie *Schanze* oder *Wall*. Die Köpenicker aber
5 wissen es besser, wie ihre Stadt zu dem Namen kam. Sie erzählen darüber:
  Einmal fischte ein Fischer im Müggelsee und fing einen furchtbar großen Krebs, über den er nicht wenig erschrak. Noch
10 größer aber war sein Erstaunen, als der Krebs zu sprechen anfing und ihm sagte, dass er ein verwünschter Prinz sei und ihn zum reichen Manne machen wolle, wenn er täte, was er ihm sage, damit er erlöst würde. Und er bat den Fischer, ihn zum ersten Ort jenseits des Sees zu bringen und dort feilzubieten.
15 Der Fischer nahm nun den Krebs aus dem Netz heraus und wollte tun, worum er gebeten wurde. Er war jedoch ein bisschen vergesslich und bot ihn diesseits der Spree in seinem Wohnort […] zum Kauf an. Sobald aber ein Käufer herantrat, rief der Krebs: »Kööp nich! Kööp nich!«, sodass alle erschraken und ihn keiner kaufte. – Da fiel dem Fischer ein, was er falsch
20 gemacht hatte, und er fuhr nach dem ersten Ort jenseits der Spree, nach Stralau, wo er den Fang für viel Geld verkaufte. Weil er aber die Bedingung nicht gleich erfüllt hatte, ist der Krebs nicht erlöst worden.
  Die Stralauer haben ihn aber allzeit bei ihrem berühmten Fischzug am 24. August als Wahrzeichen mitgeführt. Und der Ort, wo der Fischer den
25 Krebs zuerst angeboten hatte, erhielt den Namen *Köpenick*, weil der Krebs immer »Kööp nich! Kööp nich!« gerufen hatte.

Die Entstehung der Insel Rügen

Kurz vor Feierabend der Schöpfungsarbeit stand der Herrgott auf der Insel Bornholm und schaute zum Festland hinüber. Die pommersche Küste erschien ihm noch zu kahl. Er nahm von der letzten Erde aus seiner Molle[1] und klackte sie mit der Kelle hinüber. So ungefähr eine
5 halbe Meile davor fiel das bisschen ins Wasser. Der Herrgott strich die Kanten schön glatt, und der Hauptteil der Insel war fertig. Inzwischen war die Sonne fast untergegangen; deshalb kratzte er die Reste zusammen und warf sie hinterdrein. So entstanden die Halbinseln Wittow und Jasmund. Das sah zwar ein bisschen uneben aus, aber der
10 Herrgott dachte: »Es ist Feierabend, und nun bleibt es so, wie es ist!«

1 *norddeutsch* Mulde, Backtrog

Der Hünenstieg

Im Beetzsee, unweit von Brandenburg, befindet sich eine nur fünf Meter breite, doch über fünfzig Meter lange Landzunge, gerade an der tiefsten Stelle des Sees […]. Diesen schmalen Einschnitt kennen die Fischer nur unter dem Namen »der Hünenstieg«.
5 Ein Riesenfräulein nämlich soll ihn geschaffen haben; sie wohnte mit ihren Eltern am andern Ufer des Sees in den »Fosbergen« (Fuchsbergen).
Die Eltern machten sich oft jenseits des Sees zu schaffen, wobei sie das Wasser mit einem einzigen Schritt hinter sich brachten. Dieser Schritt gelang aber der jungen Riesin noch nicht, wenn sie ihren Eltern nach-
10 kommen wollte; sie trat immer ein wenig zu kurz und bekam nasse Füße. Da ging sie nach dem Marienberg, nahm eine Schürze voll Sand und schüttete sie dort, wo jetzt der Hünenstieg sich befindet, in den See. Von der Spitze der so geschaffenen Landzunge aus trat ihr Fuß ohne Mühe an das jenseitige Ufer hinüber […].

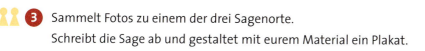
3 Sammelt Fotos zu einem der drei Sagenorte.
Schreibt die Sage ab und gestaltet mit eurem Material ein Plakat.

Nach Otmar

Die Rosstrappe

Die Rosstrappe nennt man einen Felsen mit einer ovalen Vertiefung, die einige Ähnlichkeit mit dem Abdruck eines riesenhaften Pferdehufs hat. Dieser Fels liegt in dem hohen Vorgebirge des Harzes, hinter Thale, und viele Reisende pflegen ihn – besonders der schönen romantischen Aussicht wegen – zu besteigen. Über das Entstehen jener Vertiefung erzählt die Volkssage:

Vor tausend und mehr Jahren, lange bevor auf den umliegenden Bergen Raubritter die Hoymburg, die Lauenburg, die Stecklenburg und die Winzenburg erbauten, war das ganze Land rings um den Harz von Riesen bewohnt. Diese kannten keine Freude als Raub, Mord und Gewalttat. [...]

Im Böhmerwald hauste zu der Zeit ein Riese, Bodo genannt, ungeheuer groß und stark, des ganzen Landes Schrecken. Vor ihm beugten sich alle Riesen in Böhmen und Franken. Aber die Königstochter vom Gebirge der Riesen, Emma, vermochte er nicht zu seiner Liebe zu zwingen. Hier half nicht Stärke, nicht List.

Einst sah Bodo die Jungfrau jagend und sattelte sogleich seinen Zelter[1], der meilenweite Fluren in Minuten übersprang. Er schwur bei allen Geistern der Hölle, diesmal Emma zu fangen oder zu sterben. Schneller als ein Habicht fliegt, sprengte er heran. Und fast hätte er sie erreicht, bevor sie es merkte. Doch als sie ihn, zwei Meilen von sich entfernt, erblickte [...], da wendete sie schnell ihr Ross. Es flog, von ihren Sporen getrieben, von Berg zu Berg, von Klippe zu Klippe, durch Täler und Moräste und Wälder, dass, von dem Hufschlag getroffen, die Buchen und Eichen wie Stoppeln umherstoben. So flog sie durch das Thüringer Land und kam in das Gebirge des Harzes. [...]

Jetzt stand ihr Ross, sich verschnaufend, auf dem furchtbaren Fels, der heute Hexentanzplatz heißt. Angstvoll blickte Emma, zitternd blickte ihr Ross in die Tiefe hinab. Denn mehr als tausend Fuß[2] fiel senkrecht, wie ein Turm, die Felsmauer zum grausenden Abgrund ab. Tief unter sich hörte sie das dumpfe Rauschen des Stroms, der sich hier in einem fürcht-

1 *im Mittelalter* leichtes Reitpferd
2 *altes Längenmaß* 1 Fuß sind ca. 30 cm

baren Wirbel dreht. Der entgegenstehende Fels auf der anderen Seite des Abgrundes schien ihr noch weiter entfernt als der Strudel und kaum für einen Vorderfuß ihres Rosses Raum zu haben.

Da stand sie zweifelnd. Hinter sich wusste sie den Feind, den sie ärger hasste als den Tod. Vor sich sah sie den Abgrund, der seinen Rachen weit vor ihr auftat. – Jetzt hörte Emma von Neuem das Schnauben von Bodos keuchendem Ross. In der Angst ihres Herzens rief sie die Geister ihrer Väter um Hilfe, und, ohne sich länger zu besinnen, drückte sie ihrem Zelter die langen Sporen in die Seiten! Und das Ross sprang! Sprang über den tausend Fuß tiefen Abgrund hinweg, erreichte glücklich die spitze Klippe und schlug seinen Huf vier Fuß tief in das harte Gestein, dass die stiebenden Funken wie Blitze das ganze Land umher erhellten. – Das ist jener Rosstrapp! Die Länge der Zeit hat die Vertiefung kleiner gemacht, aber kein Regen kann sie ganz verwaschen.

Gerettet war Emma! Doch die schwere goldene Krone der Königstochter fiel, während das Pferd sprang, von ihrem Kopf in die Tiefe hinab. – Bodo, der nur Emma und nicht den Abgrund sah, sprang der Fliehenden auf seinem Streitross nach und stürzte in den Strudel des Stroms, dem er den Name *Bode* gab. Hier soll er, in einen schwarzen Hund verwandelt, die goldene Krone der Prinzessin bewachen, damit kein Beutegieriger sie aus dem wirbelnden Strudel heraufhole.

Blick ins Bodetal

❶ Erzähle die Sage mit eigenen Worten nach.

❷ Lies auf der nächsten Seite nach, wie die Entstehung der ovalen Vertiefung im Felsen auf wissenschaftliche Weise begründet wird.

Fachübergreifendes
Wie Ortssagen entstehen

Sagen sind wie die Volksmärchen mündliche Überlieferungen. Aber im Unterschied zu Märchen haben sie einen wahren Kern. Das bedeutet, dass sie mit bestimmten Orten oder Gebäuden, historischen Personen oder Ereignissen, aber auch Naturerscheinungen verbunden sind.

Sagen wurden oft erfunden und erzählt, wenn die Menschen keine natürliche Erklärung für etwas Eigentümliches hatten.

Eine besondere Form der Sagen sind die Ortssagen. Hier sind es landschaftliche Auffälligkeiten, wie seltsam aussehende Felsen, unheimliche Schluchten, ungewöhnliche Flussverläufe oder Ähnliches, die über die Jahrhunderte eine magische Bedeutung erhielten. So tauchen auch in Sagen Gestalten wie Hexen, Nixen und Feen, Wassermänner, Zwerge und Riesen auf.

Im Harz, in der Nähe des sachsen-anhaltinischen Ortes Thale, gibt es einen 403 Meter hohen Granitfelsen mit einer ovalen Vertiefung – der Rosstrappe. Wenn man genau hinschaut, kann man einige Ähnlichkeit mit dem Abdruck eines riesigen Pferdehufs erkennen. Archäologen vermuten, dass dies vor langer Zeit ein Opferbecken war. Die Germanen könnten an diesem Ort ihre Götter verehrt und ihnen Opfer gebracht haben.

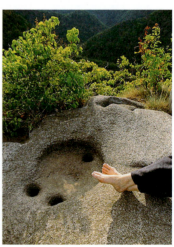

Die Rosstrappe

1 Lies den Sachtext über Ortssagen und schreibe die wichtigsten Informationen heraus.

2 Sammelt Sagen, die mit einem Ort eurer Umgebung verbunden sind. Findet heraus, ob es eine wissenschaftliche Erklärung für diesen Ort gibt.

Auch um historische Persönlichkeiten rankten sich oft sagenhafte Geschichten. Von einem Rosenwunder erzählt die folgende Sage.

Elisabeth von Thüringen

Elisabeth, die junge Frau des Landgrafen Ludwig von Thüringen und Hessen, war sehr fromm und mildtätig. Als ihr Gemahl beim Kaiser in Italien weilte, erbaute sie unterhalb der Wartburg ein Spital[1] für achtundzwanzig arme und hilfsbedürftige Menschen. Weil eine große
5 Hungersnot herrschte, speiste sie außerdem täglich hundert Arme. Viele Hofleute hielten das für Verschwendung und sagten zum Landgrafen nach seiner Rückkehr in die Heimat: »Deine Gemahlin kann nicht wirtschaften, sie wird all dein Hab und Gut verschenken.« Der Landgraf, der Elisabeth in Liebe zugetan war, antwortete ihnen: »Lasst sie um Gottes
10 willen weiter den Armen Gutes tun, wenn uns nur die Wartburg und die Neuenburg verbleiben.« Doch die Höflinge ließen nicht nach, Elisabeth wegen ihrer Mildtätigkeit bei Ludwig zu verleumden.

Eines Tages kam sie ihm bei der Rückkehr auf die Wartburg mit einer Dienerin entgegen. Die beiden Frauen trugen unter ihren Mänteln große
15 Körbe mit Lebensmitteln, die sie den Armen bringen wollten. Der Landgraf bemerkte ihre Verlegenheit und schlug ihnen die Mäntel auseinander. »Lasst sehen, was ihr da tragt!« Elisabeth erschrak sehr, der Landgraf aber noch mehr; denn als er in die Körbe blickte, lagen darin keine Speisen, sondern Rosen.
20 Beschämt schaute er Elisabeth an; es war ihm, als ob er das Bild des gekreuzigten Heilands[2] sähe. Er konnte kein Wort sprechen und ging still von dannen. Fortan wagte es keiner der Hofleute, die Landgräfin zu verleumden.

1 *süddeutsch* Krankenhaus
2 *anderer Name für* Jesus

❶ Beschreibe das Verhalten des Landgrafen vor und nach dem Rosenwunder.

❷ Erkläre mit eigenen Worten, was es mit dem »Rosenwunder« auf sich hat.

Der Bauerhase von Freiberg

In einem Café auf der Korngasse in Freiberg wird eine besondere Spezialität angeboten – der Bauerhase.
⁵ Einer Legende nach soll sich im 13. Jahrhundert in diesem Gebäude, das bis 1556 die Münzprägestätte war, Folgendes zugetragen
¹⁰ haben:

Markgraf Friedrich der Gebissene hielt sich gerade

Wilhelm Walther. Der Fürstenzug.
Friedrich der Gebissene ist der Erste von links.

zur Fastenzeit in Freiberg auf. Es galt als Sünde, Fleisch in dieser Zeit zu verspeisen. Dennoch lud der Markgraf den Kaplan, also den Kirchenvor-
¹⁵ steher von St. Marien, dem heutigen Freiberger Dom, zum Mittagsmahl ein. Er bestellte einen knusprigen Hasenbraten. Doch der Koch mit dem Namen Bauer war ein frommer Christ und wollte nichts Verbotenes tun. Aber seine Landesherren wollte und durfte er auch nicht verärgern. Er überlegte verzweifelt, wie er sich dieser schwierigen Situation
²⁰ entziehen konnte. Da kam ihm der rettende Einfall.

Er formte einen Hasen aus einem Gebäckteig. Mit Mandeln bespickt, wurde er goldbraun gebacken und aufgetischt. Friedrich und der Kaplan waren verdutzt, als sie den »falschen« Hasenbraten erkannten.
Aber sie waren von dem Gebäck so entzückt, dass sie den armen Koch
²⁵ nicht bestraften.

Noch heute wird nach dem alten Rezept in Freiberg der Bauerhase gebacken und vor allem um die Fastenzeit viel gegessen.

1 Im Text ist von Friedrich dem Gebissenen die Rede.
Wie könnte dieser Name entstanden sein? Erfindet eine Sage dazu.

2 Erkundige dich in Geschichtsbüchern oder im Internet über die historische Gestalt des Markgrafen.

Kapitel 7
Projekt: Bücher in unserem Leben

1. Wähle eins der Fotos aus und beschreibe die dargestellte Lesesituation.

2. Fotografiert euch gegenseitig an dem Ort, wo ihr am liebsten lest. Gestaltet mit den Fotos eine Wandzeitung.

3. Überlege, was Astrid Lindgren mit ihrer Aussage über Bücher meint.

1 Lies das Gedicht und ergänze die passenden Reime. Die Lösungen findest du im Anhang.

James Krüss

Suchanzeige

Sehr geehrte, werte Kinder,
heut verlor ich manchen Reim.
Dem verehrten, werten Finder
Koch ich Milch mit Haferschleim.

5 Alle Reime, meine Lieben,
Die ich nicht mehr finden kann,
Sind von Büchern abgeschrieben.
Denkt beim Suchen stets daran!

Manche Reime sind wahrscheinlich
10 Schnell gefunden, andre nicht.
Darum lest genau und peinlich
Das nun folgende Gedicht:

Ganz allein auf einer Insel
Saß er unter heißer Sonn.
15 Jeder kennt den armen Pinsel.
Denn es ist der ✿ ✿ ✿

Alle ihre Abenteuer
Sind gedruckt und sehr bekannt,
Denn man schätzt ganz ungeheuer
20 Alice aus dem ✿ ✿ ✿

Projekt: Bücher in unserem Leben **135**

Wer in Liliput gewesen,
Das weiß unser Ulli, der
Hat das hübsche Buch gelesen
Vom berühmten ✶ ✶ ✶

25 Lange Nägel, lange Haare,
Schmutzig, putzig! Schaut, da steht er!
Ist das nicht der sonderbare,
Sehr berühmte ✶ ✶ ✶?

Lügen kann er wie kein Zweiter.
30 Hat den Kopf voll dummer Flausen,
Ist Soldat, Luftschiffer, Reiter
Und Baron. Er heißt ✶ ✶ ✶

Einen frechen Dieb zu fangen,
Das vermögen nur naive,
35 Witzige Berliner Rangen:
Emil und die ✶ ✶ ✶

Wenn die Lausejungen tagen,
Haben sie bestimmt den Vorsitz,
Denn sie sind zwei schlimme Plagen,
40 Diese Buben Max und ✶ ✶ ✶

Fandet ihr, verehrte Kinder,
Diesen oder jenen Reim,
Koch ich dem verehrten Finder
Süße Milch mit Haferschleim!

 2 Stellt euch gegenseitig die gesuchten Figuren und ihre Geschichten vor.

3 Wähle eine der literarischen Figuren aus und fertige einen Steckbrief über sie an.

Projektarbeit: Bücher in unserem Leben

In diesem Kapitel findet ihr Anregungen und Materialien für ein Projekt zum Thema »Bücher«. Die folgenden Schritte zur Vorbereitung und Durchführung eines Projekts helfen euch.

1. Führt ein Brainstorming durch. Sammelt dazu Begriffe, Ideen, Gedanken, Eindrücke zum Thema »Bücher« und schreibt sie auf.

   Thema: Bücher
   Lieblingsbuch, Autor, Märchen, spannend,
   Bibliothek, Kochbuch, Taschenlampe,
   anregend, Vorlesen, Fantasy, Druckerei …

2. Formuliert ein Thema für euer Projekt.
   – Wie ein Buch entsteht
   – Wir gestalten ein eigenes Buch
   – Unsere Lieblingsbücher
   – …

3. Schreibt Vorschläge auf, was ihr bei eurem Buchprojekt unternehmen wollt.
   – eine Druckerei besuchen
   – selbst Geschichten schreiben oder Sagen der Umgebung sammeln
   – eine Buchlesung organisieren
   – …

4. Überlegt, wie ihr eure Ergebnisse präsentieren wollt.
   – Zeitungsartikel »Besuch in einer Druckerei«
   – Geschichtenbuch
   – Buchausstellung
   – …

5. Bildet Arbeitsgruppen und plant eure Gruppenarbeit.
   Hängt den Zeitplan sichtbar in der Klasse auf.
   Klärt dazu die folgenden Fragen:
   – Wer kann was am besten?
   – Wer macht was bis wann?
   – Was tun, wenn es Probleme in einer Gruppe gibt?

Wer?	Was?	Bis wann?
Lena, Paul	Interview mit Autor	5. Mai
...	...	...

6. Stellt eure Ergebnisse zuerst in euren Gruppen vor.
   Macht Verbesserungsvorschläge und überarbeitet eure Texte.

7. Wertet euer Projekt aus.
   – Tragt zusammen, was gut und was weniger gut gelungen ist.
   – Findet heraus, welche Gründe es dafür gibt.
   – Notiert Regeln für euer nächstes Projekt.

❶ Plant nun euer eigenes Buchprojekt.

❷ Gebt ihm einen passenden Titel.

Moritz, der von zu Hause ausgerissen ist, versteckt sich in einer Litfaßsäule. Dort trifft er eine sprechende Katze, mit der er sich über viele Fragen des Lebens unterhält.

Christa Kožik

Moritz in der Litfaßsäule

Moritz blätterte in der Zeitung. »Die Ernte ist eingebracht, im Weitspringen haben wir einen neuen Weltrekord. Und auf den Schneckeninseln ist eine Überschwemmung.«
»Wo liegen die denn?«, fragte die Katze interessiert.
»Keine Ahnung. Vielleicht im Erdinnern. Hier, kannst selber weiterlesen.« Er warf ihr die Zeitung vor die Nase.
»Danke, ich habe jetzt keine Lust zu lesen.«
Moritz sah sie verschmitzt an. »Gib doch zu, du kannst gar nicht lesen.« Und er freute sich sehr, dass sie endlich mal was nicht konnte.
»Ich kann lesen«, behauptete sie. »Aber nur Schilder: KINO, EIS und PIZZA.«
»Bücher nicht?«
»Bücher interessieren mich nicht. Sie riechen langweilig, nach Staub. Und von Staub muss ich niesen.« Und sie nieste zur Anschauung gleich ein piepsiges Niesen.
»Ich finde Bücher gut. Man liest so ein Buch, und das Kind im Buch heißt zwar ganz anders, aber man denkt, man erlebt alles selber, für eine Weile jedenfalls. Das macht Spaß. Auf diese Weise kann man viele Leben leben«, erklärte Moritz.
»Das ist aber gefährlich. Kann man sich da nicht verwechseln?«, fragte die Katze.
»Ach, Quatsch. Das meiste vergisst man bald wieder. Nur manche Bücher, die hat man immer in sich. Man vergisst sie nie.«

❶ Fasse mit eigenen Worten zusammen, was Moritz über das Lesen von Büchern sagt.

❷ Welche Bücher hast du nicht vergessen? Begründe, warum.

Ein Leseplakat gestalten

1. Schreibe den Autor und den Titel des Buches als Überschrift.
2. Fasse den Inhalt zusammen oder schreibe den Klappentext ab.
3. Zeichne eine oder verschiedene Personen aus dem Buch.
   Ergänze eine Sprechblase mit einem charakteristischen Satz dieser Person.
4. Du kannst auch alle Personen zeichnen, die in dem Buch vorkommen.
   Schreibe ihre Namen dazu.
5. Stelle die Hauptperson vor, indem du ihre Eigenschaften aufschreibst.
6. Zeichne ein Bild zu dem, was du gelesen hast.
   Schreibe eine Bildunterschrift dazu.
7. Empfiehl das Buch einer Freundin/einem Freund.
   Schreibe auf, warum es dir besonders gut gefallen hat.
8. Schreibe die schönsten Textstellen heraus.
9. Du kannst auch einen Teil des Textes in einen Comic umwandeln.

1 Stelle dein Lieblingsbuch auf einem Leseplakat vor.

Fachübergreifendes

1 Sieh dir den Aufbau des folgenden Textes und die Abbildung an. Worum könnte es in dem Text gehen?

2 Überfliege dann den Text. Überprüfe, ob deine Vermutung richtig war.

Bernhard Schulz

Druckbuchstaben – wer hat sie erfunden?

Im Mittelalter wurden in Europa alle Bücher mit der Hand geschrieben. Das dauerte oft viele Monate. Deswegen waren Bücher sehr selten und sie galten als Kostbarkeiten. Heute ist das alles viel einfacher: Einmal klicken und sofort kommt ein bedrucktes Blatt Papier aus dem Drucker.
5 Das verdanken wir einem Mann aus Mainz: Johannes Gutenberg. Gutenberg war ein Gold- und Silberschmied und er war gerade damit beschäftigt, einzelne Worte in Gold zu gießen, um daraus Schmuckstücke zu machen. Über dieser Arbeit kam ihm eine Idee. Er goss aus Metall kleine Buchstaben, die er dann mit Tinte bestrich und wie Stempel verwendete.
10 Er machte natürlich nicht nur einen Buchstaben, sondern er machte sich für jeden Buchstaben des Alphabets gleich mehrere Stempel. Dazu auch die Satzzeichen, wie Komma und Punkt. Danach nahm sich Gutenberg eine Holzleiste, klemmte die kleinen, viereckigen Buchstabenstempel in der richtigen Reihenfolge daran fest und konnte so eine ganze Zeile auf
15 einmal stempeln.

Oder doch nicht Gutenberg?
Für Europa war Gutenbergs Idee neu, die Chinesen allerdings kannten die Methode schon. Bereits seit vielen hundert Jahren konnten sie Bücher mithilfe von in Holz geschnitzten Stempeln herstellen. Eines allerdings hatten die Chinesen nicht: die Druckpresse. Anstatt Zeile für Zeile zu
20 stempeln, ordnete Gutenberg die Buchstabenstempel in einem Rahmen zu einer ganzen Buchseite an. Dieser Rahmen mit den Buchstaben war jetzt ein ziemlich großer Stempel, der von Hand nicht mehr richtig und ganz gerade auf Papier gestempelt werden konnte. Gutenberg nahm eine

Presse, die eigentlich zum Zusammenleimen von Büchern gebaut worden war, baute sie ein bisschen um und verwendete sie, um den Buchseitenstempel gerade und mit viel Druck auf eine Seite Papier zu pressen.

Mit dieser Erfindung war es plötzlich möglich, viele Buchseiten schnell hintereinander zu drucken und so mehrere Exemplare eines Buches gleichzeitig herzustellen. Das war etwa im Jahr 1440 und seitdem gibt es immer mehr Bücher – Bücher für alle, nicht nur für die Reichen.

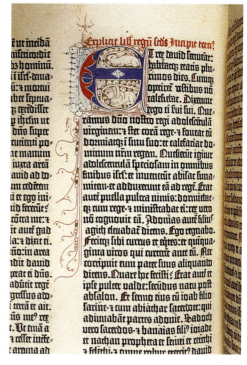

Gutenberg-Bibel. Harvard University, Massachusetts

Gutenberg, der Pechvogel

Johannes Gutenberg selbst hatte leider nicht so viel Erfolg. Ausgerechnet beim Druck einer besonders schönen Bibelausgabe ging ihm das Geld aus und er musste sich etwas leihen. Einen Betrag, den er nicht mehr rechtzeitig zurückzahlen konnte. Das nutzten fiese Geschäftemacher aus und drängten ihn aus seiner eigenen Druckerei. Schade, aber berühmt wurde er trotzdem.

3 Lies den Text nun genau und suche Informationen darüber, wie der Buchdruck zu Gutenbergs Zeiten funktionierte.

4 Informiere dich im Internet, welche Methode des Druckens in China angewendet wurde.

Wie Bücher entstehen

Ganz am Anfang stehen natürlich die Ideen des *Autors*[1]. Er denkt sich Figuren und eine Handlung aus, um sie zu einer Geschichte zusammenzufügen. Er verfasst das so genannte *Manuskript*, was aus dem Lateinischen kommt und so viel bedeutet wie »das von Hand
5 Geschriebene«. Heute werden Manuskripte allerdings nicht mehr mit der Hand, sondern mit dem Computer geschrieben.

Wenn das Manuskript fertig ist, muss der Autor einen *Verlag* finden, der bereit ist, es als Buch zu veröffentlichen. Der zuständige *Lektor* im Verlag prüft das Manuskript daraufhin, ob es zum Verlagsprogramm
10 passt und ob sich das Buch gut verkaufen wird. Manchmal schlägt er dem Autor auch Verbesserungen vor, damit das Buch eine runde Sache wird.

Oft werden *Illustrationen* extra von einem *Illustrator* angefertigt.

---

1 Natürlich kann das auch eine Autorin sein.
Das gilt ebenso für die anderen Berufsbezeichnungen im Text.

Ein *Gestaltungsbüro* entwickelt das *Layout* und die *Umschlaggestaltung* und bespricht mit dem *Verlagshersteller* im Verlag, wie Text, Illustrationen oder Fotos angeordnet und der Umschlag gestaltet werden. Eine *Reprofirma* wandelt die Bilder in digitale Daten um. In der *Setzerei* werden alle Text- und Bildelemente zusammengefügt. Der Verlagshersteller ist der Projektmanager und kümmert sich auch um die zeitliche Planung, wie den Erscheinungstermin, Kosten und die Papiersorte. In der *Druckerei* werden die Textseiten auf große Papierbogen gedruckt. In der *Buchbinderei* werden die gedruckten Bogen gefalzt, beschnitten, zusammengeleimt oder -geheftet und mit einem Einband versehen.

❶ Erkläre mit eigenen Worten die Bedeutung der schräg gedruckten Begriffe. Schlage dazu im Lexikon nach oder informiere dich im Internet.

❷ Überlegt, welche Abläufe bei der Buchherstellung auf welchen Bildern dargestellt werden. Die Lösung findet ihr im Anhang.

Wenn man im Buchladen oder in der Bibliothek ein Buch auswählen möchte, schaut man meist zuerst auf den Einband. Denn der verrät schon viel über das, was im Buch steht.

Was ein Buch verrät

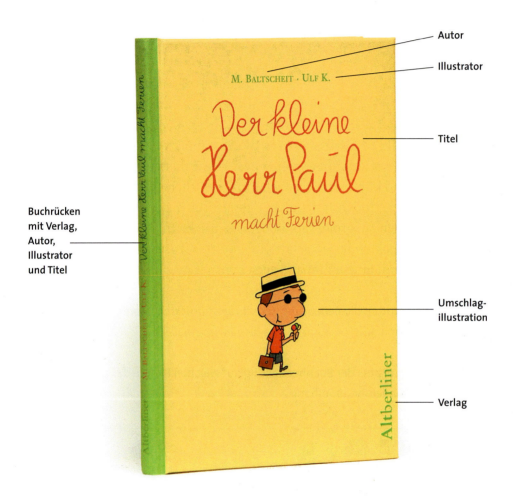

① Sieh dir das Schaubild genau an und präge dir die Begriffe ein.

② Überprüfe an einem Buch deiner Wahl, ob du dort alle Angaben auf dem Einband findest.

Projekt: Bücher in unserem Leben **145**

3 Betrachte nun die hintere Umschlagseite des Buches.
Finde heraus, was sich hinter einer ISBN verbirgt.

- Inhaltsangabe
- Information zu weiteren Büchern des Autors
- Zitat aus einer Buchkritik
- ISBN des Buchhandels

4 Kläre die Bedeutung weiterer Begriffe, die mit dem Thema »Buch« zu tun haben:
Klappentext, Vorwort, Inhaltsverzeichnis, Impressum, Buchkritik.

5 Auf den nächsten Seiten kannst du eine der Geschichten aus diesem Buch
von Martin Baltscheit lesen.

Martin Baltscheit

Das Buch des L.

Der Strand war herrlich. Feiner Sand kitzelte zwischen den Zehen, die Wolken am Himmel spielten »Wer baut den schönsten Turm?« und ein fleißiger Wind hatte sich in den Hut des kleinen Herrn Paul verliebt. Er musste ihn mit beiden Händen festhalten, damit er nicht mit einer Böe durchbrannte. Die Sonne schien, als hätte sie hitzefrei und wäre im Urlaub. Genau wie der kleine Herr Paul, der war auch im Urlaub, er machte Strandurlaub am Meer.

Die meisten Menschen saßen in hohen Körben oder lagen in kleinen Sandburgen. Von ferne sah es aus, als sei in der Nacht eine Herde Meteoriten eingeschlagen. Der kleine Herr Paul hatte sich einen Hügel aufgeschüttet und einen Schirm und eine Liege daraufgestellt. Von hier aus konnte er alles überblicken und wurde auch nicht vom Getränkeboy übersehen. Der Getränkeboy kam alle Stunde einmal vorbei, um den Badenden seinen selbst gemachten Sommerpunsch zu verkaufen.

Gerade hatte Herr Paul sein Buch beendet und legte eine Pause ein, bevor er sich an das nächste machte. In seiner Tasche hatte er sich Leseproviant für den Tag eingepackt. Es war ein dünner Roman mit braunem Umschlag, etwas abgegriffen, obwohl er noch ganz neu war.

Der kleine Herr Paul trank einen Schluck Sommerpunsch, rückte sich zurecht, warf noch einen Blick über den Strand und tauchte in die Geschichte ein. Die Geschichte kam ihm bekannt vor. Nach zwei Seiten war alles klar, es war seine eigene. Nein, er hatte sie nicht geschrieben, er hatte sie erlebt! Ein Rätsel, denn hier war nicht die Rede von einem ähnlichen Helden, sondern der kleine Herr Paul war es selbst, Satz für Satz!

Er sah auf den Umschlag, »Das Buch des L.« stand darauf. Das Buch des »L«? Der kleine Herr Paul hatte gedacht, »L« stünde für den Namen der Hauptperson. »L« wie Leonard oder Lisa, aber dieses »L« tauchte in dem Buch gar nicht auf, sondern nur er selbst, der kleine Herr Paul!

1 Überlegt, was sich hinter dem »Buch des L.« verbergen könnte.

Er war sehr aufgeregt, suchte ein paar Münzen und ging zu einem öffentlichen Telefon. Er rief einen Freund an, einen, der das Bücherlesen so liebte wie er.

»Was ist los, Paul, warum so aufgeregt?«, fragte der Freund.

»Hör zu, ich habe ein Buch gefunden, es heißt ›Das Buch des L.‹ und es steht meine Geschichte darin. Verstehst du? Meine eigene Geschichte!«

»Ach, du meine Güte, ist es sehr langweilig?«

»Nein. Aber da stimmt was nicht, das Buch ist nicht für mich, es ist für einen ›L‹! Ich habe einen Doppelgänger.«

»Ach!«, sagte der Freund. »Du meinst, deine Eltern haben deinen Zwillingsbruder bei der Geburt verschenkt?«

»Ich weiß es nicht, wenn es ihn gibt, dann heißt er auf jeden Fall nicht Paul, sondern Ludwig, Lars oder Leander. Es ist doch das Buch des L!«

Der Freund fing an zu lachen. »Ach, Paul, ›L‹ ist eine Abkürzung. ›L‹ steht für Leben. Es ist das Buch des Lebens! Dein Buch des Lebens, Paul! Das ist was ganz Besonderes, du solltest gut darauf aufpassen.«

Der kleine Herr Paul legte auf und ging zurück. Er war beruhigt, mehr sogar, er war beglückt. Er hatte sein Buch des Lebens gefunden, und das im Urlaub. Hier war genug Zeit, alles in Ruhe nachlesen zu können.

Der Getränkeboy kam die Promenade herunter und lachte ihn an. Herr Paul lachte zurück und nahm sich vor, gleich in seinem Buch nachzulesen, ob der Punschverkäufer auch im nächsten Jahr hier sein würde, denn dann würde er bestimmt wieder ans Meer fahren. Und das Jahr darauf vielleicht in die Berge, ach, wie herrlich war es zu wissen, was die Zukunft brachte.

Der Sonnenschirm warf einen kreisrunden Schatten und Herr Paul setzte sich. Er wollte das Buch gleich jetzt lesen, sah in die Provianttasche und erschrak. Das Buch des Lebens war verschwunden!

Herr Paul setzte sich gerade auf. Gab es hier Bücherdiebe? Sofort stand er auf und ging über den Strand wie eine Lupe! Immer wieder blieb er stehen und sah sich um. Wer nicht im Wasser war, saß in seiner Sandburg und las ein Buch! Es war, als hätte jeder Urlauber plötzlich ein Buch in der Hand. Die meisten waren sehr vertieft und einer lachte sogar! Ein junger Mann mit breiter Sonnenbrille warf den Kopf nach hinten und lachte wie ein Huhn, das in der Lotterie gewonnen hatte. Was war so komisch am Leben des kleinen Herrn Paul!?

Eine dicke Frau mit Sonnenbrand lüftete ihren Hut und seufzte schwer. Sie legte ein Buch mit braunem Umschlag auf ihre Knie und wischte sich mit einem rosa Tuch zwei Tränen von der Wange. Warum Tränen, war dem kleinen Herrn Paul etwas passiert? Hatte sie das letzte Kapitel seines Lebens gelesen? [...]

Auf der Promenade verkauften ein paar Trödler Bücher und Postkarten. Ein Dieb hätte sein Buch bestimmt dorthin gegeben.

»Verzeihung, haben Sie zufällig mein Buch des Lebens?«, fragte der kleine Herr Paul einen der Händler.

Der sah ihn an: »Eine Biografie? Ja, sind Sie denn berühmt?«

»Das weiß ich nicht. Das steht doch alles in dem Buch!«

»Tut mir leid. Ich habe hier nur die Lebensgeschichte eines Königs, der ein grausamer Herrscher war.« [...]

Keiner der Händler hatte bessere Nachrichten, niemand besaß das Buch mit Geschichten vom kleinen Herrn Paul. Er setzte sich auf eine Bank an der Promenade.

Verzweiflung schlich sich in sein Herz, er wusste nicht mehr, was er tun konnte, es war, als hätte jemand die Handlung gestohlen, als wäre er ein Blatt Papier ohne Buchstaben. Weiß und leer und kein Stift zur Hand, um etwas darauf zu schreiben.

Still wurde es in seinem Kopf, abgeräumt waren die Tische der Erinnerung, keine Vorstellung mehr von dem, was kommen sollte, der kleine Herr Paul sah auf das Meer, und der Horizont teilte die Welt in zwei gleiche Hälften, Strand und Wasser und sonst nichts.

2 Erkläre mit eigenen Worten, was mit dem »Tisch der Erinnerung« gemeint ist.

3 Überlegt, warum das Buch für den kleinen Herrn Paul so wichtig ist.

»Hallo! Hallo, Mann mit Hut! Sie haben Ihr Buch an der Telefonzelle liegen lassen!«, rief der Getränkeboy und winkte mit einem Buch.

Herr Paul sprang auf, erkannte das Buch des Lebens, umarmte den Finder, kaufte einen doppelten Punsch und gab ein großzügiges Trinkgeld.

Sofort danach setzte er sich in seinen Liegestuhl.

Er wollte das Ende lesen. Unbedingt, bevor er das Buch ein zweites Mal verlor, wollte er wissen, wie es ausgeht. Aber dann zögerte er. Was, wenn das Ende schon bald sein würde? Was, wenn es kein Happy End war? Der kleine Herr Paul nahm sein Buch des Lebens in die Hand. Sein Herz klopfte, seine Hände wurden feucht, er fürchtete sich, als er die letzte Seite seines Buches aufschlug. Dann las er still und voller Ehrfurcht die Worte:

Der kleine Herr Paul nahm sein Buch des Lebens in die Hand. Sein Herz klopfte, seine Hände wurden feucht, er fürchtete sich, als er die letzte Seite seines Buches aufschlug. Dann las er still und voller Ehrfurcht die Worte: Fortsetzung folgt.

4 Erstelle eine Liste mit Erlebnissen, die in dein Buch des Lebens gehören.

5 Schreibe eins dieser Erlebnisse als Geschichte auf.

Die besten Bücher kriegen Preise

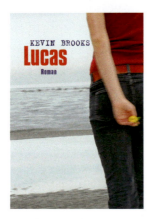  

Preis der Jugendjury 2006   Preis der Jugendjury 2007   Preis der Jugendjury 2008

In jedem Jahr erscheinen etwa 4000 Kinder- und Jugendbücher. Da fällt es schwer, sich einen Überblick zu verschaffen und aus dieser Fülle die interessantesten Bücher herauszufinden. Eine Auswahlhilfe bei der Suche nach guten Büchern können die Jugendliteraturpreise sein, die an
5 die Autorinnen und Autoren für herausragende Bücher vergeben werden. Der wichtigste Preis für Kinder- und Jugendliteratur in Deutschland ist der Deutsche Jugendliteraturpreis. Er wird seit 1956 jedes Jahr im Herbst auf der Frankfurter Buchmesse für das jeweils beste Bilderbuch, Kinderbuch, Jugendbuch und Sachbuch vergeben. In jedem Frühjahr erscheint
10 zunächst auf der Leipziger Buchmesse eine Auswahlliste der Bücher, die für den Deutschen Jugendliteraturpreis nominiert, d. h. vorgeschlagen, sind. Unabhängig von den Erwachsenen verleihen Jugendliche außerdem den »Preis der Jugendjury«.

1 Informiert euch über die aktuelle Nominierungsliste unter:
http://www.djlp.jugendliteratur.org

2 Stellt euch einige der nominierten Bücher gegenseitig vor.

3 Welche dieser Bücher haben euch am besten gefallen?
Bildet selbst eine Jury und vergebt euren ganz persönlichen Preis.

Merkwissen

Akrostichon	(*griech.* akros – Spitze, stichos – Vers) Gedichtform, bei der die Anfangsbuchstaben jeder Zeile von oben nach unten gelesen ein Wort oder einen Namen ergeben.
Autor, Autorin	(*lat.* auctor – Urheber, Verfasser) Verfasser von literarischen (erzählenden, lyrischen, dramatischen) Texten, aber auch von Drehbüchern, Fernsehspielen oder Sachtexten (Fachbuch-, Lehrbuch-, Sachbuchautor).
Bildgeschichte	Vorläufer der → Comics. Eine Folge von gezeichneten Bildern ohne Worte oder mit kurzen Bildunterschriften, wie z. B. bei Wilhelm Busch.
Brainstorming	(*engl.* brain – Gehirn, storm – Sturm) Eine Methode zur Ideenfindung oder Problemlösung. Dabei werden Gedanken, Gefühle, Ideen und Begriffe zu einer Frage oder einem Problem gesammelt und ungeordnet notiert.
Comics	(*amerik.* comic strips – *wörtl.* komische Streifen) In Amerika in den 30er-Jahren des 20. Jahrhunderts nach dem Vorbild der → Bildgeschichten entwickelt. Der knappe Text steht meist in Sprech- und Denkblasen. Comics haben eine eigene Sprache (u. a. Pengwörter, z. B. *Schmatz, Klack, Bumm*).
Dialog	(*griech.* dialogos – Wechselrede, Zwiegespräch) Unterredung zwischen zwei oder mehreren Personen im Unterschied zum → Monolog (Selbstgespräch). Theaterstücke bestehen fast ausschließlich aus Dialogen, diese kommen aber auch in allen anderen Textsorten vor.
Elfchen	Ein kurzes Gedicht, das aus 11 Wörtern besteht. Diese werden nach einem festgelegten Muster auf 5 Zeilen verteilt. 1. Zeile: 1 Wort 2. Zeile: 2 Wörter 3. Zeile: 3 Wörter 4. Zeile: 4 Wörter 5. Zeile: 1 Wort

Erzähler, Ich-Erzähler	Eine vom → Autor geschaffene Figur, die die Geschichte erzählt, d.h., Autor und Erzähler sind immer zu unterscheiden. Eine Autorin kann z.B. einen männlichen Erzähler die Geschichte vortragen lassen oder ein erwachsener Autor aus der Sicht eines Kindes schreiben. Schildert eine Figur in der Ich-Form, wie sich die Dinge aus ihrer Perspektive (Sicht) zugetragen haben, dann handelt es sich um einen Ich-Erzähler.
Erzählperspektive	Die Perspektive (Sicht), aus der ein Geschehen erzählt wird. Eine Erzählung kann aus der Sicht einer beteiligten Person erzählt sein, d.h. in der Ich-Form, oder der Erzähler befindet sich außerhalb des erzählten Geschehens, d.h., es wird in der Er- oder Sie-Form erzählt.
Fabel	(*lat.* fabula – Erzählung) Kurze Geschichte, mit der eine Lehre oder Moral vermittelt wird. Meist handeln und sprechen Tiere, die menschliche Eigenschaften verkörpern, z.B. der listige Fuchs, der gierige Wolf, die faule Grille.
Figur	(*lat.* figura – Gestalt, Wuchs) Jede Person, die in einem literarischen Text vorkommt.
Gedicht	In einem Gedicht möchte der Autor seine Gedanken und Gefühle ausdrücken, dabei verwendet er oft sprachliche Bilder. Gedichte kann man in → Strophen unterteilen, die aus mehreren → Versen bestehen. Gedichte haben einen bestimmten Rhythmus und können sich nach einem bestimmten Schema → reimen.
Gestik	Bezeichnet Körperbewegungen, um Aussagen zu unterstützen oder um sich ohne Worte zu verständigen.
Konflikt	(*lat.* conflictus – Zusammenstoß) Problem der Hauptfigur, das sie im Verlauf der Handlung lösen muss. Das kann ein Streit sein oder eine schwierige Entscheidung.
Literatur	(*lat.* litterātūra – Buchstabenschrift, Schrifttum) Bezeichnung für alle Texte, die aufgezeichnet und veröffentlicht werden. Manchmal wird der Begriff Literatur auch in einem engeren Sinn verwendet und meint dann vor allem die künstlerische Literatur.
Märchen	(*mhd.* mære – Kunde, Mitteilung) Kurze Erzählung mit fantastischem, wunderbarem Inhalt. Man unterscheidet die mündlich überlieferten und gesammelten Volksmärchen, z.B. »Die Kinder- und Hausmärchen« der Brüder Grimm, und die von einem

	→ Autor verfassten Kunstmärchen, z. B. von Hans Christian Andersen. Typisch für Märchen sind fantastische Wesen wie Hexen, Feen oder Zauberer. Die Figuren haben typische Eigenschaften, meist sind sie streng in Gut und Böse, Arm und Reich, Schön und Hässlich unterschieden. Die Handlung ist oft in drei Teile gegliedert. Die Sprache ist meist einfach und anschaulich, mit wiederkehrenden (Zauber- und Verwünschungs-)Formeln sowie ähnlichen sprachlichen Wendungen zu Beginn und am Ende.
Mimik	(auch Miene oder Mienenspiel) Bezeichnet den Gesichtsausdruck. Sowohl im Alltag als auch auf der Bühne oder im Film kann man an der Mimik die Gefühle eines Menschen ablesen.
Monolog	(*griech.* monologos – allein sprechend) Selbstgespräch einer Person im Gegensatz zum Zwiegespräch (→ Dialog). Im Drama, aber auch in erzählender Literatur kann eine handelnde Figur in einem Monolog ihre Gedanken äußern.
Pantomime	(*griech.* pantomimos – alles nachahmend) Eine Form der Schauspielkunst, bei der die Handlung ohne Worte, sondern nur durch → Mimik und → Gestik veranschaulicht wird.
Parallelgedicht	Übernimmt das Muster des Vorbilds und füllt es mit neuem Inhalt, z. B. »Sonnentag« zu Peter Maiwalds »Regentag« (S. 59).
Refrain	(*frz.* refrain – Echo) Regelmäßig wiederkehrende Wortgruppe in Liedern oder Gedichten. Der Refrain steht meist zwischen den einzelnen → Strophen.
Regieanweisung	(*frz.* régie – Verwaltung) Hinweise des Bühnenautors zu Bühnenbild, Sprechweisen, Figurenverhalten und Kostümen. Diese Hinweise werden nicht mitgesprochen. Im Text sind sie meist kursiv gedruckt oder in Klammern gesetzt.
Reim	Gleichklang von Wörtern (*Hut – gut*). Die häufigste Reimform ist der Endreim, d. h., Wörter reimen sich am Ende zweier → Verse. Endreime sind z. B. der Paar-, der Kreuz- und der umarmende Reim. Beim Paarreim reimen sich zwei Verse unmittelbar aufeinander (Form: aabb). Beim Kreuzreim reimt sich ein Vers jeweils mit dem übernächsten (Form: abab). Und beim umarmenden Reim wird ein Paarreim von einem anderen Reim umschlossen (Form: abba).

Sage	Mündlich überlieferte Erzählung von teils wunderbaren Begebenheiten, die sich auf historische Ereignisse, Naturerscheinungen oder landschaftliche Eigenheiten beziehen. In der Sage können auch Zwerge, Elfen, Riesen, vermenschlichte Tiere oder Menschen mit übernatürlichen Fähigkeiten auftreten, im Gegensatz zum → Märchen wird jedoch ein höherer Realitätsanspruch gestellt. Man unterscheidet Göttersagen (wie die um den Göttervater Zeus), Heldensagen (wie »Odysseus« oder »Die Nibelungensage«), und Ortssagen (wie »Krabat« oder »Die Rosstrappe«).
Sketch	(*engl.* sketch – Skizze) Kurze, witzige Szene mit einer überraschenden Wendung.
Schwank	(*mhd.* swanc – Streich, Hieb) Seit dem 15. Jahrhundert Bezeichnung für eine kleine Erzählung in Versen oder auch in Prosa mit scherzhaftem oder moralischem Inhalt. Oft handeln Schwänke von lustigen Begebenheiten, kleinen Pannen im Alltag oder auch von der Überlistung eines dummen Menschen durch einen klugen, wie bei Till Eulenspiegel.
Stegreifspiel	Kurzes Rollenspiel, das unvorbereitet in Szene gesetzt wird. Nur das Thema ist meist vorgegeben.
Strophe	(*griech.* strophe – Wendung, Dehnung) Abschnitt eines Gedichts, der sich aus mehreren → Versen zusammensetzt.
Szene	(*griech.* skene – Zelt, Bühne) Sinneinheit innerhalb einer Handlung. Sie ist die kleinste Einheit eines Theaterstücks, oft werden mehrere Szenen zu einem Akt zusammengefasst. Im Film besteht eine Szene aus einer oder mehreren Einstellungen.
szenischer Text	Wird in → Dialogen geschrieben, es gibt keinen → Erzähler. Ziel ist es, den Text als Handlung zu spielen. Oft gibt es Regieanweisungen, die Hinweise zur Handlung oder zum Sprechen geben.
Vers	(*lat.* versus – Wendung, Linie) Bezeichnet die einzelne Gedichtzeile. Mehrere Verse ergeben eine → Strophe.

Quellenverzeichnis

Abraham, Peter (geb. 1936): *Das Schulgespenst* (Auszug) *(S. 12)*. Berlin: Der Kinderbuchverlag 1988, S. 3 f.

Andersen, Hans Christian (1805–1875): *Des Kaisers neue Kleider (S. 121)*. Aus: Die schönsten Märchen von Hans Christian Andersen. Oldenburg: Lappan 2001, S. 111 ff.

Arntzen, Helmut (geb. 1931): *Ohne Titel (S. 73)*. Aus: Dithmar, Reinhard (Hg.): Fabeln, Parabeln und Gleichnisse. Beispiele didaktischer Literatur. München 1970, S. 255.

Äsop (6. Jh. v. Chr.): *Der Fuchs und die Trauben (S. 70)*. Aus: Äsops Fabelbuch. In einer neuen Bearbeitung von S. Max. München: Verlag Georg W. Dietrich 1913. *Der Wolf und das Lamm (S. 72)*. Aus: Doderer, Klaus (Hg.): Fabeln. Zürich: Atlantis Verlag 1970.

Auer, Martin (geb. 1951): *Unnützes Gedicht* (S. 68). Aus: H.-J. Gelberg (Hg.): Großer Ozean. Gedichte für alle. Weinheim, Basel: Beltz & Gelberg 2000, S. 199.

Bächler, Wolfgang (geb. 1925): *Der Nebel (S. 50)*. Aus: Fuhrmann, Joachim (Hg.): Gedichte für Anfänger. Reinbek: Rowohlt Taschenbuch 1980, S. 75.

Baltscheit, Martin (geb. 1965): *Das Buch des L. (S. 146)*. Aus: M. B.: Der kleine Herr Paul macht Ferien. Leipzig, München: Altberliner 2004, S. 55 ff.

Blaich, Ute (1939–2004): *Schäfchen können niemals fliegen (S. 65)*. Aus: Berner, Rotraut Susanne (Hg.): Himmlisches Geflatter. Engel & anderes Geflügel. Rotfuchs 20920 [16. Dezember (Adventskalender)]

Bly, Mary: *Hunde kommen ... (S. 69)*. Aus: Sinhuber, B. (Hg.): Katzen sind doch die besseren Menschen und andere fröhliche Wahrheiten. Frankfurt/M., Berlin: Ullstein 1995, S. 136.

Borchers, Elisabeth (geb. 1926): *November (S. 51)*. Aus: E. B.: Und oben schwimmt die Sonne davon. München: Ellermann 1965, S. 43.

Borchert, Wolfgang (1921–1947): *Winter (S. 56)*. Aus: W. B.: Aus dem Nachlass. © Reinbek: Rowohlt Verlag

Bremer, Claus (1924–1996): *wir (S. 7)*. Aus: Ulrich, Winfried: Sprachspiele für jüngere Leser und Verfasser von Texten. Texte und Kommentare. Aachen: Hahner Verlagsgesellschaft 2004, S. 496.

Brender, Irmela (geb. 1935): *Wolkenbilder (S. 64)*. Aus: I. B.: War mal ein Lama in Alabama. Allerhand Reime und Geschichten in Gedichten. Hamburg: Friedrich Oetinger 2001, S. 88.

Busch, Wilhelm (1832–1908): *Die kluge Ratte (S. 32)*. Aus: W. B.: Doch die Käfer, kritze, kratze ... Berlin: Kinderbuchverlag 1988, S. 547 ff.

Busta, Christine (1915–1987): *Wo holt sich die Erde die himmlischen Kleider? (S. 47)*. Aus: Ch. B.: Die Sternenmühle. Salzburg: O. Müller 1959, S. 29.

Bydlinski, Georg (geb. 1956): *Kleine Wolkengeisterkunde (S. 65)*, *Die Dinge reden* (S. 68). Aus: G. B.: Wasserhahn und Wasserhenne. Gedichte und Sprachspielereien. Wien: Dachs Verlag 2002, S. 105, 107.

Bydlinski, Georg (geb. 1956), **Opgenoorth, Winfried** (geb. 1939): *Fallschirme (S. 62)*. Aus: Ulrich, Winfried: Sprachspiele für jüngere Leser und Verfasser von Texten. Texte und Kommentare. Aachen: Hahner Verlagsgesellschaft 2004, S. 489.

Caspak, Victor, Lanois, Yves (Zoran Drvenkar): *Die Kurzhosengang* (Auszug) *(S. 22)*. Hamburg: Carlsen Verlag 2004, S. 15 ff.

Der Bauerhase von Freiberg (S. 132). Aus: Butz, Reinhardt, Folde, Werner: Mein Sachsen lob ich mir. Geschichtliches aus Sachsen. Berlin: Volk und Wissen 1993, S. 43.

Der Hünenstieg (S. 127). Aus: Griepentrog, Gisela (Hg.): Die Spinnerin im Monde. Frauen in den Sagen der Mark Brandenburg und Berlins. Leipzig: Verlag für die Frau 1991, S. 169 f.

Der Name von Köpenick und der große Krebs von Stralau (S. 126). Aus: Neumann, Siegfried Armin: Berlin, Sagen und Geschichten. Schwerin: Demmler 2004, S. 76.

Der Wettlauf vom Strauß und der Schildkröte (S. 120). Aus: Uther, Hans-Jörg (Hg.): Die schönsten Märchen der Weltliteratur. München: Eugen Diedrichs Verlag 1996, S. 7.

DiCamillo, Kate (geb. 1964): *Winn-Dixie* (Auszug) (S. 76). Übersetzt von Sabine Ludwig. Hamburg: Cecilie Dressler Verlag 2000, S. 7 ff. © Deutscher Taschenbuch Verlag, München.

Die Rosstrappe (S. 128). Nach Otmar. Aus: Trommer, Harry (Hg.): Deutsche Heimatsagen. Bd. I. Berlin: Der Kinderbuchverlag 1963.

Die Entstehung der Insel Rügen (S. 127). Aus: Zetzsche, Peter: Der vierköpfige Swantewit. Sagen und Geschichten von der Insel Rügen und Hiddensee. Regensburg: S. Roderer Verlag 1989, S. 10.

Die Fliege (S. 118). Aus: Philipp, Neil: Märchen aus aller Welt. Nacherzählt von Neil Philipp. Übersetzt von Cornelia Panzacci. München: Dorling Kindersley 1997, S. 70.

Droste-Hülshoff, Annette von (1797–1848): *Der Frühling ist ... (S. 58)*. Aus: Das Ludwig-Richter-Frühlingsalbum. Die schönsten deutschen Lieder, Geschichten und Gedichte zur Osterzeit. Leipzig: St. Benno Verlag 2008, S. 64.

Eich, Günter (1907–1972): *Septemberliches Lied vom Storch (S. 48)*. Aus: G. E.: Gesammelte Werke. Bd. 1. Frankfurt/M.: Suhrkamp 1973, S. 191.

Elisabeth von Thüringen (S. 131). Aus: Holler, Ernst: Zwei Jahrtausende in Sage und Anekdote. Stuttgart: Loewes 1961.

Ende, Michael (1929–1995): *Die Ausnahme (S. 67)*. Aus: H.-J. Gelberg (Hg.): Überall und neben dir. Gedichte für Kinder. Weinheim, Basel: Beltz & Gelberg 1986, 2001, S. 42.

Engel, Erika (1911–2004): *Sind die Lichter angezündet (S. 57)*. Aus: Die große Liedertruhe. Berlin: Der Kinderbuchverlag 1984, S. 224. *Liedtext:* © Edition Phonica, Berlin. Beltz & Gelberg

e. o. plauen (1903–1944): *Dringende Pflicht (S. 30)*. Aus: Vater und Sohn. Die letzten 50 Streiche und Abenteuer gezeichnet von e. o. plauen. Konstanz: Südverlag 1952, o. S.

Frank, Karlhans (1937–2007): *Du und ich (S. 8)*. Aus: Bartholl, Silvia (Hg.): Texte dagegen. Autorinnen und Autoren schreiben gegen Fremdenhass und Rassismus. Weinheim, Basel: Beltz & Gelberg 1993, S. 174.

Frau Holle (S. 110). Aus: Noffke, Brunhilde (Hg.): Märchen für Winter und Weihnacht. Kiel: Königsfurt Urania 2007, S. 39 ff.

Fühmann, Franz (1922–1984): *Lob des Ungehorsams (S. 117)*. Aus: F. F.: Gedichte und Nachdichtungen. Rostock: Hinstorff Verlag 1978, S. 46.

Grimm, Jakob und Wilhelm: *Rumpelstilzchen (S. 108)*. Aus: Uther, Hans-Jörg (Hg.): Deutsche Märchen und Sagen, CD-ROM. Berlin: Directmedia Publishing GmbH 2003.

Gross, Lynn (geb. 1988): *Ansichtssache (S. 38)*. Aus: Berliner Zeitung, 03. 03. 03, S. 27.

Gruhn, Hauke (geb. 1979): *Mini-Eber »Balu« fühlt sich richtig sauwohl (S. 84)*. Aus: Nordwest-Zeitung vom 15. 03. 03, Lokalteil »Oldenburger Nachrichten«, S. 1.

Guggenmos, Josef (1922–2003): *Wintergewitter (S. 54)*. Aus: J. G.: Groß ist die Welt. Die schönsten Gedichte. Weinheim: Beltz & Gelberg 2006, S. 101.

Hacks, Peter (1928–2003): *Der blaue Hund (S. 67)*. Aus: Gelberg, Hans-Joachim (Hg.): Großer Ozean. Gedichte für alle. Weinheim, Basel: Beltz & Gelberg 2000, S. 186.

Hesse, Hermann (1877–1962): *Die leise Wolke (S. 65)*. Aus: Michels, Volker (Hg.): Hermann Hesse: Die Gedichte. Frankfurt am Main: Suhrkamp 1997, S. 90.

Indiran, Induja: *Fremd in Berlin?! (S. 14)*. Aus: Berlin – mein Kiez: Die schönsten Geschichten aus dem Erzählwettbewerb. Weinheim: Beltz & Gelberg 2005, S. 37 ff.

Jahsnowski, Lisa (geb. 1986): *Bildgeschichte (S. 31)*. Aus: Berliner Zeitung, 24.02.03, S. 27.

Jandl, Ernst (1925–2000): *auf dem land (S. 61)*. Aus: Gomringer, Eugen (Hg.): konkrete poesie. Stuttgart: Philipp Reclam jun. 2001, S. 87.

Jatzek, Gerald (geb. 1956): *Gedichte unterwegs (S. 66)*. Aus: Gelberg, Hans-Joachim (Hg.): Großer Ozean. Gedichte für alle. Weinheim, Basel: Beltz & Gelberg 2000, S. 28.

Kaléko, Mascha (1907–1975): *Der Winter (S. 56)*. Aus: M. K.: Papagei und Mamagei. München: Deutscher Taschenbuch Verlag 1986, S. 106.

Kirsch, Sarah (1935–2013): *Als ich vierzehn war (S. 53)*. Aus: Man muss demütig und einfach sein. Interview von Iris Radisch. In: Die Zeit 14.4.2005, Nr. 16. *Gedichte also sind (S. 53)*. Aus: S. K.: Schwanenliebe. Zeilen und Wunder. Stuttgart, München: Deutsche Verlags-Anstalt 2001, S. 182.

Kolk, Anneliese zum: *Auf leisen Pfoten (S. 83)*. Aus: A. z. K.: Tierlieben mit Köpfchen. Stuttgart: Franckh-Kosmos Verlag 1993, S. 20 ff.

Könner, Alfred (geb. 1921): *Der Wolf und der Haushund (S. 75)*. Aus: Der Fuchs und die Weintrauben. Schöne alte Fabeln neu erzählt. Berlin: Altberliner Verlag 1985.

Kožik, Christa (geb. 1941): *Kicki und der König. Ein Katzenroman.* (Auszug) *(S. 78)*. © Christa Kožik 2008. *Moritz in der Litfaßsäule* (Auszug) *(S. 138)*. Berlin: Der Kinderbuchverlag 1993, S. 126 f.

Krüss, James (1926–1997): *Suchanzeige (S. 134)*. Aus: J. Krüss: Der wohltemperierte Leierkasten. 12 x 12 Gedichte für Kinder, Erwachsene und andere Leute. München: Bertelsmann 1989, S. 16 f.

Kruse, Max (geb. 1921): *Fischwunder (S. 67)*. Aus: Gelberg, Hans-Joachim (Hg.): Großer Ozean. Gedichte für alle. Weinheim, Basel: Beltz & Gelberg 2000, S. 145.

La Fontaine, Jean de (1621–1695): *Die Grille und die Ameise (S. 73)*. Aus: Dithmar, Reinhard (Hg.): Fabeln, Parabeln und Gleichnisse. Beispiele didaktischer Literatur. München: Deutscher Taschenbuch Verlag 1970, S. 146.

Lessing, Gotthold Ephraim (1729–1781): *Der Wolf und das Schaf (S. 72)*. Aus: G. E. L.: Sämtliche Schriften. Bd. 1. Stuttgart 1886.

Lindgren, Astrid (1907–2002): *Der Mann in der schwarzen Pelerine (S. 133)*. Aus: P. J. Schindler (Hg.): Gebt uns Bücher gebt uns Flügel. Almanach. Hamburg: Oetinger 1970, S. 25.

Luther, Martin (1483–1546): *Vom Raben und Fuchs (S. 71)*. Aus: Luthers Fabeln. Nach seiner Handschrift und den Drucken neu bearbeitet von E. Thiele. Reihe »Neudrucke deutscher Literaturwerke«. Bd. 76. Halle (Saale) 1911.

Maiwald, Peter (geb. 1946): *Regentag (S. 59)*. Aus: Gelberg, Hans-Joachim (Hg.): Großer Ozean. Gedichte für alle. Weinheim, Basel: Beltz & Gelberg 2000, S. 109.

Manz, Hans (geb. 1931): *Fünf Freundinnen (S. 9), Freundschaften (S. 9)*. Aus: H. M.: Kopf stehen macht stark. Weinheim, Basel: Beltz & Gelberg 1987.

Morgenstern, Christian (1871–1914): *Neue Bildungen, der Natur vorgeschlagen (S. 60)*. Aus: Gelberg, Hans-Joachim (Hg.): Großer Ozean. Gedichte für alle. Weinheim, Basel: Beltz & Gelberg 2000, S. 55.

Moser, Erwin (geb. 1954): *Gewitter (S. 63).* Aus: Gelberg, Hans-Joachim (Hg.): Überall und neben dir. Gedichte für Kinder in 7 Abteilungen. Weinheim, Basel: Beltz 1989, S. 260.

Pennart, Geoffroy de (geb. 1951): *Rothütchen (S. 114).* Aus dem Französischen von Tobias Scheffel. Deutscher Taschenbuch Verlag, Frankfurt/M.: Moritz Verlag 2005.

Petri, Walther (geb. 1940): *Der Blitz (S. 63).* Aus: W. P.: Humbug ist eine Bahnstation. Gedichte an Kinder. Berlin: Kinderbuchverlag 1978, S. 79.

Philipps, Carolin (geb. 1954): *Mai-Linh. Wenn aus Feinden Freunde werden* (Auszug) *(S. 17).* Wien: Ueberreuter Verlag 2001, S. 31 ff.

Ruck-Pauquèt, Gina (geb. 1931): *Freunde (S. 10).* Aus: Kliewer, Heinz-Jürgen u. a. (Hg.): Der Zauberkasten. Alte und neue Geschichten für Kinder. Stuttgart: Philipp Reclam jun. 1992, S. 44 ff.

Schmalenbach, Heinz: *Hausaufgaben (S. 92).* Aus: H. S.: Spielbare Witze für Kinder. Niedernhausen/Ts.: Falken-Verlag 1986, S. 45 ff.

Schubiger, Jürg (geb. 1936): *Herbstgedicht (S. 50).* Aus: Gelberg, Hans-Joachim (Hg.): Großer Ozean. Gedichte für alle. Weinheim, Basel: Beltz & Gelberg 2000, S. 184.

Schulz, Bernhard: *Druckbuchstaben – wer hat sie erfunden? (S. 140).* Aus: http://www.br-online.de/kinder/fragen-verstehen/wissen/2004/00558/ [21.11.08]

Schwarz, Jewgeni (1896–1958): *Der nackte König* (Auszug) *(S. 104).* Aus: J. S.: Stücke. Aus dem Russischen von Günter Janiche. Berlin: Henschelverlag 1968.

Storm, Theodor (1817–1888): *April (S. 58).* Aus: T. S.: Sämtliche Werke in vier Bänden. Bd. 1: Gedichte, Novellen. Frankfurt/M.: Deutsche Klassiker 1987.

Thomas, Christina: *YPS – Kaspar, Patsch und Willy und das Urmenschenskelett (S. 39).* (Schülerarbeit) 64. Mittelschule Dresden.

Tom (geb. 1960): *Touché. (S. 36)* © Tom 2008

Timm, Uwe (geb. 1940): *Rennschwein Rudi Rüssel* (Auszug) *(S. 86).* Zürich: Nagel & Kimche 1993.

Trantow, Thorsten (geb. 1975): *Schraubenproblem (S. 37).* Aus: Stuttgarter Nachrichten, 10.03.07.

Werner, Nina (geb. 1986): *Chibi Manga Story (S. 46).* © Nina Werner 2008

Wittkamp, Frantz (geb. 1943): *Wie man Gedichte macht (S. 52).* Aus: F. W.: Ich glaube, dass du ein Vogel bist. Weinheim, Basel: Beltz & Gelberg 1990, S. 93. *In meinem Kopf ist einer … (S. 52).* Aus: Julit 01/03, Arbeitskreis für Jugendliteratur, S. 13.

Zotter, Gerri (geb. 1939), **Lobe, Mira** (1913–1995), **Welsh, Renate** (geb. 1937): *Löwenzahn (S. 62).* Aus: Ulrich, Winfried: Sprachspiele für jüngere Leser und Verfasser von Texten. Texte und Kommentare. Aachen: Hahner Verlagsgesellschaft 2004, S. 490.

Wir danken den Rechteinhabern für die Abdruckgenehmigung. Da es uns leider nicht möglich war, alle Rechteinhaber zu ermitteln, bitten wir, sich gegebenenfalls an den Verlag zu wenden.

Texte der Autorinnen

Comics – witzige Geschichten in Bildern (S. 34)
Das Lesetagebuch (S. 21)
Den ersten Eindruck von einem Buch gewinnen (S. 20)
Die besten Bücher kriegen Preise (S. 150)
Die ersten Schritte auf der Bühne (S. 94)
Die Wanderungen der Weißstörche (S. 49)
Ein neues Zuhause (S. 16)
Einen Theaternachmittag gestalten (S. 102)
Erzählende Texte erschließen (S. 74)
Eulenspiegel und die Bienendiebe (S. 102)
Mangas – Comics der besonderen Art (S. 41)
Mit Märchen spielen (S. 113)
Nikolaus. Ein Elfchen (S. 57)

Projektarbeit »Bücher in unserem Leben« (S. 136)
Till Eulenspiegel rächt sich an seinen Mitbürgern (S. 96). Ergebnis eines Unterrichtsprojekts der Klasse 5 b der »Nordlicht«-Schule in Rostock, unter der Leitung von Andrea Kruse (2008)
Selbst einen Comic gestalten (S. 40)
Was man mit Gedichten machen kann (S. 54)
Was ein Buch verrät (S. 144)
Wie Bücher entstehen (S. 142)
Wie Eulenspiegel die Kranken heilte (S. 99). Szenische Fassung nach: Erich Kästner erzählt Till Eulenspiegel. Hamburg: Cecilie Dressler Verlag o. J., S. 43 ff.
Wie Ortssagen entstehen (S. 130)

Fachübergreifendes

Auf leisen Pfoten (S. 83). Aus: zum Kolk, Anneliese: Tierlieben mit Köpfchen. Stuttgart: Franckh-Kosmos Verlag 1993, S. 20 ff.
Comics – witzige Geschichten in Bildern (S. 34). Autorentext.
Die Wanderungen der Weißstörche (S. 49). Autorentext.
Druckbuchstaben – Wer hat sie erfunden? (S. 140). Aus: Bernhard Schulz: http://www.br-online.de/kinder/fragen-verstehen/wissen/2004/00558/ [21.11.08]
Ein neues Zuhause (S. 16). Autorentext.
Wie Ortssagen entstehen (S. 130). Autorentext.

Lösungen einiger Aufgaben des Lesebuchs

S. 30:
Originaltitel der Vater-und-Sohn-Geschichte: Dringende Pflicht

S. 113:
Tierischer Mörder im Haus der Großmutter: Rotkäppchen
Militärangehöriger steigt mittels Brennwerkzeug in den Adelsstand auf: Der Soldat und das Feuerzeug
Produkt des Schuhmacherhandwerks hilft, die richtige Braut zu finden: Aschenputtel
Mister Namenlos wird als Erpresser gestellt: Rumpelstilzchen
Orientalischer Meilenläufer: Der kleine Muck
Unbequemer Schlaf einer königlichen Tochter: Prinzessin auf der Erbse
Kräftiger Haarwuchs verhilft zu Liebesglück: Rapunzel
Leichte Handverletzung führt zum Masseneinschlafen: Dornröschen

S. 127–128:
Der Name von Köpenick und der große Krebs von Stralau: Berlin
Die Entstehung der Insel Rügen: Mecklenburg-Vorpommern
Der Hünenstieg: Brandenburg

S. 134–135:
Robinson, Alice aus dem Wunderland, Gulliver, Struwwelpeter, Münchhausen, Emil und die Detektive, Max und Moritz

S. 142–143:
Bild 1: Eine Autorin verfasst ein Manuskript.
Bild 2: Ein Lektor im Verlag prüft das Manuskript.
Bild 3: In der Setzerei wird das Layout aufgebaut.
Bild 4: Eine Grafikerin zeichnet die Illustrationen.
Bild 5: In der Reprofirma
Bild 6: Der Hersteller im Verlag
Bild 7: In der Druckerei
Bild 8: In der Buchbinderei

Verwendete Textsorten

Bildgeschichte S. 30, 31, 32–33
Comic S. 36, 37, 38, 39, S. 42–46
Erzähltext S. 10–11, 75, 146–149
Auszug aus Kinderbuch S. 12–13, 17–19, 22–28, 76–77, 78–82, 86–90, 138
Fabel S. 70, 71, 72, 73
Gedicht S. 7, 8, 9, 47–48, 50–54, 56, 58–68, 117, 134–135
Lied S. 57
Märchen S. 108–109, 110–112, 114–116, 118–119, 120, 121–125
Sachtext S. 16, 34, 49, 52, 53, 83, 130, 140–141, 142–143, 144–145, 150
Sage S. 126–129, 131, 132
Schwank S. 102
Spielszene S. 92–93, 96–101, 104–106
Zeitungsartikel S. 84–85

Bildquellen

7, 8, 94, 103, 137 Thomas Schulz, Teupitz **12, 13** © DEFA-Stiftung, Berlin **16** A1PIX, Taufkirchen **17** *Buchcover:* Carolin Phillips: Mai Linh. Ueberreuter Verlag, Wien **20** *Buchcover:* Victor Caspak, Yves Lanois: Die Kurzhosengang © Carlsen Verlag GmbH, Hamburg 2004. Carlsen Verlag, Hamburg **29** Schmidt, Kim: Comic-Figuren zeichnen: step by step. Hamburg: Carlsen Verlag 2005, S. 19, 27, 100. **36** Tom Körner, Berlin **37** Thorsten Trantow, Kenzingen **47** Helga Lade Fotoagentur, Frankfurt am Main **49** http://www.storchennest.de/de/index_storchenwelt.html [03.07.08] **56** Caro Fotoagentur, Berlin **57** picture-alliance/OKAPIA KG, Germany, Frankfurt am Main **64** Salvador Dalí: Paar, die Köpfe voller Wolken: © Salvador Dalí, Fundació Gala-Salvador Dalí / VG Bild-Kunst, Bonn 2008. **66** Kollektiv Fotobüro Dirk Zimmer, Frankfurt am Main **70** © Bridgemanart, Berlin **73** akg-images, Berlin **76** *Buchcover:* Kate DiCamillo: Winn-Dixie. Deutscher Taschenbuch Verlag, München **85** Gert-Ulrich Rump, Oldenburg **86** *Buchcover:* Uwe Timm: Rennschwein Rudi Rüssel. Verlag Nagel & Kimche, Zürich **87–90** *Szenenfotos:* Senator Film Verleih GmbH, Berlin **91** Christian Brachwitz, Berlin **95** Visum/Gregor Schläger, Hamburg **96** picture-alliance/dpa, Frankfurt am Main **98** akg-images, Berlin **101, 102** Lindow, Wolfgang (Hg.): Ein kurtzweilig Lesen von Dil Ulenspiegel. Nach dem Druck von 1515. Stuttgart: Philipp Reclam jun. 1966, S. 27, 52. **105** Altberliner Verlag, Berlin **107, 109, 111** akg-images, Berlin **122, 125** Altberliner Verlag, Berlin **129** picture-alliance/ZB, Frankfurt am Main **130** picture-alliance/HB Verlag, Frankfurt am Main **132** Sächsische Staats- und Universitätsbibliothek/Deutsche Fotothek/Richter **133** © Blume Bild, Celle-Osterloh *(ältere Frau mit Buch)* **138** *Buchcover:* Christa Kožik: Moritz in der Litfaßsäule. **150** *Buchcover:* Kevin Brooks: Lucas © für das Cover unter Verwendung eines Fotos von Jan Roeder: 2005 Deutscher Taschenbuch Verlag, München; *Buchcover:* Markus Zusak: Der Joker. Cbj Verlag, Verlagsgruppe Random House, München; *Buchcover:* Marie-Aude Murail: Simpel. Frankfurt/Main: Fischer Schatzinsel.

de.fotolia.com: **14** © paul prescott **58** Kevin page **69** © efremis *(Mädchen stehend mit Hund)*, © Renata Osinska *(Junge mit Katze auf Schulter)*, © Jacek Chabraszewski *(Mädchen sitzend mit Hund)* **83** © Hannes Eichinger **133** © Stephen Coubum *(Mann mit Hut am Strand)*, © FotoLyniX *(Mädchen auf Fensterbank lesend)*, © reiro *(Mädchen auf Bootssteg lesend)*